25

Abnormal Psychology

편집성 성격장애

이훈진 지음

_ 의심과 불신의 덫

학지사

'이상심리학 시리즈'를 내며

21세기를 살아가는 우리는 급격한 변화와 치열한 경쟁으로 이루어진 현대사회에 적응해야 하는 커다란 심리적 부담을 안고 있다. 이러한 현실 속에서 현대인은 여러 가지 심리적 문제와 장애에 직면하게 될 가능성이 높다.

정신건강에 대한 사회적 관심이 증대되면서, 이상심리나 정신장애에 대해서 좀 더 정확하고 체계적인 지식을 접하고자 하는 사람들이 늘어나고 있다. 그러나 막상 전문서적을 접하게 되면, 난해한 용어와 복잡한 체계로 인해 쉽게 이해하기 어려운 것이 현실이다.

이번에 기획한 '이상심리학 시리즈'는 그동안 소수의 전문가에 의해 독점되다시피 한 이상심리학에 대한 지식을 일반 독자들에게 소개하기 위한 것이다. 이를 위해서 다양한 정신장애에 대한 최신의 연구 내용을 가능한 한 쉽게 풀어서 소개하려고 노력하였다.

'이상심리학 시리즈'는 서울대학교 심리학과 임상 · 상담심리학 교실의 구성원이 주축이 되어 지난 2년간 기울인 노력의 결실이다. 그동안 까다로운 편집 지침에 따라 집필에 전념해준 집필자 모두에게 감사드린다. 아울러 어려운 출판 여건에도 불구하고 출간을 지원해주신 학지사 김진환 사장님과 한 권 한 권마다 좋은 책이 될 수 있도록 성심성의껏 편집을 해주신 편집부 여러분에게 고마움을 표한다.

인간의 마음은 오묘하여 때로는 "아는 게 병"이 될 수 있다. 그러나 이러한 우려보다는 "아는 게 힘"이 되어 보다 성숙하고 자유로운 삶을 이루어나갈 수 있는 독자 여러분의 지혜로움을 믿으면서, '이상심리학 시리즈'를 세상에 내놓는다.

2000년 4월

서울대학교 심리학과 교수

원호택, 권석만

2판 머리말

'눈 감으면 코 베어 간다' 는 말이 있다. 이 말은 인간 사회에 대한 불신을 극명하게 드러내 주는 말이다. 의심과 불신, 그것은 우리 인간 사회의 기본 신뢰를 무너뜨리고 서로가 서로를 경계하게 하는 원인이 된다. 그럼에도 우리 사회에서 의심과 불신의 징후는 흔하게 발견된다. 이러한 사회적 분위기가 형성된 것에는 타인을 속이고 기만하는 사람들과 또 한편으로는 자신의 문제 때문에 진실한 사람까지 믿지 못하는 사람들이 영향을 미쳤기 때문이라고 할 수 있다.

사람들을 믿지 못하고 항상 의심하며, 늘 경계하는 것이 이 책에서 소개하고자 하는 편집성 성격장애의 핵심 특성이다. 편집성 성격장애를 지닌 사람은 다른 사람들을 믿지 않을 뿐 아니라, 부정적인 일에 대해 남을 탓하며 적대감을 갖는다. 그렇다면 이들은 어떤 사람들인가? 왜 그런 태도와 행동을 보이게 되는가? 이런 성격은 과연 변화와 치료가 가능한 것인가?

이 책에서는 이 질문들의 답을 제시하고자 한다.

이러한 목적을 달성하기 위해 저자는 그동안 소개된 많은 책과 연구 논문을 참고하였으며, 특히 최근의 연구 결과와 치료적 접근을 많이 보강하였다. 물론 필요한 모든 정보를 소개한 것도, 소개한 정보가 100% 정확한 것도 아님을 잘 알고 있다. 다만, 이상심리학에 관심이 있는 심리학도나 정신의학도, 그리고 편집성 성격에 관심이 있는 모든 사람에게 이 특별한 성격장애에 대한 기초적이고도 중요한 정보를 제공하고자 노력했다.

이 책은 크게 세 부분으로 구성하였다. 1장에서는 편집성 성격의 개념, 편집성 성격장애의 핵심 특성, 피해망상과의 관련성, 유사 장애와의 차이, 편집성 성격의 현상과 본질 등을 소개하였으며, 2장에서는 편집성 성격장애의 원인을 다양한 측면에서 소개하였다. 구체적으로는 인지행동이론, 정신역동적 관점, 발달 이론, 자기 및 타인 표상, 사회문화적 측면 등 그동안 편집성 성격을 설명하기 위해 동원되어 온 많은 이론과 가설을 살펴보았다. 마지막으로 3장에서는 기존의 연구 및 치료 문헌과 저자의 연구 및 임상 경험을 기초로 편집성 성격장애를 치료하기 위한 여러 접근과 지침을 소개하였다.

이 책을 저술하는 데 저자 나름대로 최선의 노력을 다하긴 했으나, 몇 가지 미진한 점이 있음을 고백하지 않을 수 없다.

우선, 저자의 짧은 식견으로 인해 책의 내용이 상당히 제한적이고 때로 잘못되거나 부정확한 부분도 있으리라 생각한다. 독자의 따가운 질책과 조언이 있기를 기대한다. 그럼에도 이 책이 편집성 성격장애에 대한 이해를 돕는 데 나름대로 기여했음을 확신하면서 미진한 점에 대한 독자의 이해를 구한다.

끝으로, 편집증 연구와 저술을 함께했던 이명원 선생과 최근 논문의 검색 및 정리 작업을 도와준 이준득 선생, 사랑과 격려로 이 책의 완성을 지켜봐준 선후배 동학들과 사랑하는 가족, 그리고 학지사 관계자 여러분께 감사드린다.

2016년

이훈진

차 례

1 편집성 성격장애란 무엇인가

1. 사례로 보는 편집성 성격장애
2. 성격과 성격장애
3. 편집증의 역사적 조망
4. 편집성 성격장애의 진단기준과 유병률
5. 편집성 성격장애의 특성
6. 편집성향을 보일 수 있는 장애들
7. 편집성 성격장애 진단의 딜레마
8. 편집성 성격장애의 자가 진단

1. 사례로 보는 편집성 성격장애

나는 스물한 살의 대학생이다. 나는 사람들을 믿지 않는다. 이 세상에 완전히 믿고 의지할 수 있는 사람은 없다. 사람들은 항상 자기 이익만 추구하고 다른 사람을 이용해먹는다. 그들이 나에게 잘해주는 것은 뭔가 꿍꿍이속이 있기 때문이다. 따라서 항상 그들 마음속에 있는 숨은 의도를 잘 살펴봐야 한다. 언제 누구에게 발등을 찍힐지 모를 일이다. 세상은 공정하지 않고 약육강식이 지배한다. 나는 언제나 손해만 보고 이용당하며 피해를 입는다. 세상에서 나를 지켜줄 사람은 나 자신뿐이다.

어제도 강의실에 갔는데 한 무리의 아이들이 시끄럽게 떠들어대다가 나를 보더니 갑자기 조용해지며 키득거리기 시작했다. 분명히 내 험담을 하고 있었을 것이다. 나쁜 인간들! 사람들을 생각하면 치가 떨린다. 방심하면 안 된다. 내가 허점을 보이면 그걸 미끼로 나를 이용해먹거나 해치려 들 게 뻔하다. 누구도 믿지 않는 것이 가장 안전하다.

⋮

점점 확신이 생긴다. 아니, 분명하다. 나를 음해하려는 세력이 있다. 내 주위를 맴도는 그들을 조심해야 한다. 그들은 온갖 수단을 동원해서 나를 해치려 든다. 내가 어딜 가든 나를 지켜보고 있다. 망원경, 도청장치, 인공위성까지 동원하고 있다. 그들은 거대하고 엄청난 조직과 장비를 가지고 나를 추적하고 있다. 누가 누군지 알 수 없다. 나는 가공할 음모의 피해자다.

⋮

어린 시절 나의 아버지는 매우 엄했다. 내가 조금이라도 실수를 하면 심하게 화를 냈다. 어머니는 내가 두 살 때 사고로 돌아가셨다. 나는 나에게서 어머니를 빼앗아 간 세상을 원망하며 살았다. 초등학교 때 아버지는 내가 친구를 아무나 사귄다고 못마땅해 했다. 그래서 나는 아버지가 허락한 친구가 아니면 사귈 수 없었다. 아버지는 늘 친구보다 공부가 중요하다고 했다. 성공하면 사람들은 따르기 마련이라면서…. 사람들은 이익이 생기지 않으면 사람을 사귀지 않고, 누구도 믿지 않는 게 가장 안전하다는 말도 자주 했다. 초등학교 때 친한 친구에게 엄마가 돌아가신 얘길 하며 비밀을 지켜달라고 했는데 그다음 날 같은 반 모든 아이가 알고 있었던 적이 있다. 한번은 교실에서 물건이 없어졌는데 아이들이 나를 의심해서 곤란했던 적도 있다. 그 이후로 누구도 믿지 않게 되었다. 아버지 말이 맞았다.

학교 선생님들도 문제가 많았다. 수업 도중에 내게 말도 안 되는 질문을 해놓고 괜히 핀잔을 주었다. 친구들 앞에서 창피를 당했던 굴욕감을 잊을 수 없다. 낄낄거리던 녀석들의 얼굴도 눈에 선하다. 중학교 때도 고등학교 때도 믿을 만한 놈이 하나도 없었다. 다들 비겁하고 추악하고 더럽다. 그들에게 틈을 보이면 안 된다.

이 가상 사례는 전형적인 편집성 성격장애를 예시한 것이다. 편집성 성격장애를 지닌 사람들은 타인을 믿지 못하고 의심과 피해의식을 지닌다. 또한 세상이 불공평하고 모든 것이 자신에게 불리하게 돌아가며, 자신은 항상 피해자라고 여긴다. 앞의 사례는 후반부에서 피해의식이 피해망상 수준까지 진전된 상태를 보여준다. 그리고 마지막으로 편집성 성격의 발달 과정을 반영하는 성장 과정에 대한 회고까지 하고 있다. 물론 이 사례는 편집성 성격에서 피해망상으로 이어지는 스펙트럼상에 존재하는 다양한 사례 중 하나일 뿐, 여기서 소개한 특성과 성장 배경이 모든 편집성 성격장애에서 나타나는 것은 아니다.

의심과 피해의식으로 대표되는 편집성 성격은 정신장애 환자에게만 나타나는 것은 아니다. 일반인도 흔히 이와 같은 태도를 보인다. 따라서 편집 성향 자체가 병적인 것은 아니다. 상황에 따라서는 안전과 생명을 지키는 생존 가치가 큰 적응적 특성일 수도 있다. 문제는 그것이 얼마나 강하고 심각하게, 그리고 경직되게 나타나느냐 하는 것이다. 우선, 다음 절에서는 편집성 성격의 개념과 주요 특징, 진단적 쟁점, 편집성 성격장애와 피해망상의 관련성 등을 소개하고자 한다. ◆

2. 성격과 성격장애

우리가 누군가에 대해 말할 때 성격personality이라는 단어보다 더 자주 사용하는 표현은 별로 없을 것이다. '성격이 좋다' '성격이 이상하다' '성격이 특이하다' 등 사람을 평가하는 데 있어서 성격이라는 단어를 자주 사용한다.

성격이란 일반적으로 사람이 보이는 독특하고 일관된 행동 특성을 추론하는 데 쓰는 말이다. 누군가가 남달리 독특한 행동을 하고 그런 행동이 여러 상황에서 반복된다면 우리는 그 이유를 그 사람의 성격에서 찾는다. 그리고는 그 사람의 성격을 '좋다' '나쁘다' '개성 있다' 또는 '이상하다' 라고 표현한다.

그런데 우리가 이상하다고 느끼는 성격 특성이 정도가 지나쳐서 적응에 장애를 초래하거나 주변 사람들을 매우 불편하게 만든다면 우리는 이를 성격장애라고 한다. 다시 말해, 성격장애는 우리가 일상적으로 그럴 만하다고, 또는 당연하다고 생각하는 범위를 벗어난 행동을 계속적으로 보이는 것을 말한다. 여기에는 행동만 포함되는 것이 아니라 감정과 생각, 지각 경험 등 그 사람이 마음속에서 경험하고 있는 일들도 포함된다.

이러한 문제들은 개인의 신념이나 사고방식, 감정, 대인관계, 충동조절 등의 영역에서 주로 표출된다. 또 생활 영역의 일부분에서만 나타나거나 일정 기간에만 나타나는 것이 아니라 전체 생활 영역에서 지속적으로 나타나야 한다. 이와 같은 행동 양상이나 특징은 보통 20대를 전후해서 안정적으로 형성되는데, 일단 형성되어 굳어지면 객관적인 사실이나 증거, 주변 사람들의 조언이나 충고, 그 밖의 여러 가지 시도가 있더라도 잘 바뀌지 않는다.

그러나 어떤 사람이 특이한 성격이나 행동을 보인다고 해도 그가 일상생활을 잘 영위하고 다른 사람과도 문제를 일으키지 않으면서 관계를 잘 유지한다면, 이는 성격장애로 볼 수 없다. 성격장애로 규정하기 위해서는 자신 또는 타인의 고통, 그 밖의 여러 가지 다양한 어려움과 부적응이 뒤따라야 한다.

1) 성격장애의 유형

'백인백색' 이라는 말이 있듯이 사람의 성격은 매우 다양하다. 따라서 사람의 성격을 유형화한다는 것은 일면 지나친 단순화라고 볼 수 있으며, 그에 대한 대안으로 성격을 구성하는 다양한 측면을 연구한 후 다면적 차원에서 한 개인의 성격 프로파일을 구성하는 차원모형dimensional model이 심리학에서 널리 받아들여지고 있다.

하지만 의료모형medical model에 입각한 정신의학적 진단체계에서는 여전히 정상과 이상의 질적 차이를 전제로 성격을 진단범주화한 입장을 고수하고 있다. 2013년 미국정신의학회에서 발간한『정신장애의 진단 및 통계 편람-제5판DSM-5』(APA, 2013)에서는 이전과 동일하게 성격장애의 유형을 10가지로 구분하고, 이를 다시 3개의 군집으로 묶었다.

첫 번째 군에는 편집성paranoid · 분열성schizoid · 분열형schizotypal 성격장애가 포함된다. 이들은 흔히 괴상하거나 엉뚱해 보이는데, 이 책에서 소개하고자 하는 편집성 성격장애가 바로 이 군에 속한다. 편집성 성격장애의 가장 큰 특징은 불신과 의심으로, 사람들을 잘 믿지 못하고 다른 사람의 행동에 나쁜 의도가 숨겨져 있다고 해석한다. 분열성 성격장애는 사람들과 어울리는 것을 기피하고 혼자 있으려고 하며, 정서 표현이 제한된 성격장애를 말한다. 마지막으로, 분열형 성격장애는 대인 불안이 강하고 텔레파시 또는 염력 같은 특이하고 공상적인 생각에 빠져 있거나, 인지 또는 지각의 왜곡을 보이고 괴이한 행동을 보이는 성격장애를 말한다.

두 번째 군에는 반사회성antisocial · 경계선borderline · 연극성histrionic · 자기애성narcissistic 성격장애가 포함되는데, 이들은 대체로 극적이고 감정적이며 감정 변화가 심하다. 반사회성 성격장애는 타인의 권리를 무시하고 침범하며, 충동적이고 무책임한 것이 특징이다. 경계선 성격장애는 대인관계, 자아상 그리고 감정이 매우 불안정하고, 지나치게 충동적인 성격장애다. 연극성 성격장애는 감정이 불안정하고 관심과 애정에 집착하는 성격장애이며, 자기애성 성격장애는 자신에 대한 과대평가와 자기도취적 성향, 칭찬에 대한 욕구, 공감의 결여를 특징으로 하는 성격장애다.

세 번째 군은 불안감과 두려움이 특징인 유형으로 회피성avoidant · 의존성dependent · 강박성obsessive-compulsive 성격장애가 포함된다. 회피성 성격장애는 대인관계의 회피, 사회 장면에서의 부적절감, 부정적 평가에 대한 과민성을 특징으로 하는 성격장애다. 의존성 성격장애는 보살핌을 받고자 하는 욕구가 과도하며, 순종적이고 의존적인 행동을 특징으로 하는 성격장애다. 그리고 강박성 성격장애는 정리정돈, 청결,

완벽, 질서와 통제에 대한 과도한 집착을 특징으로 하는 성격장애다.

2) 성격장애의 일반적 진단기준

앞에서 성격과 성격장애의 간단한 정의 및 성격장애의 유형을 소개했다. 하지만 사실상 성격장애 여부를 결정한다는 것은 그리 쉬운 일이 아니다. 성격장애의 진단기준과 특성을 기술한 서적을 접하면 대부분의 사람은 그 기준에 수긍한다. 그러나 그 기준을 실제 어느 한 사람에게 적용하려고 할 때는 전문가라 할지라도 쉽게 확신이 서지 않는다. 특히 경험이 많은 숙련된 전문가일수록 구체적인 사례에 대해서 성격장애를 비롯한 정신장애 진단을 내리는 것에 확신하지 못 하겠다는 고백을 많이 한다. 그만큼 사람들의 심리 현상은 복잡하고, 현재의 정신장애 진단 및 분류체계 또한 복잡하고 지나치게 포괄적이며, 완전치 못한 것이 사실이다.

우리는 이상심리학이나 정신병리에 관련된 책을 읽다 보면, 거기에 소개된 성격장애의 특징들 중 상당수가 자신에게 해당한다고 느끼게 된다. 그만큼 사람의 성격에는 수많은 특성이 존재하고, 대부분의 사람이 그것들 중 대다수를 많든 적든 소유하고 있다. 따라서 일부의 특징이 적응과 대인관계에

장애를 초래할 정도로 강하고 지속적일 때 특정 성격장애 진단을 내리지만, 실제로는 모든 사람이 그런 경향을 어느 정도 가지고 있음을 명심해야 한다. 즉, 있고 없고의 문제가 아닌 정도의 문제라는 것이며, 정상과 이상의 명확한 기준점을 설정하는 것은 매우 어렵다는 것이다.

한편, 사람의 성격을 측정 · 분류하고, 특히 성격장애 범주로 진단하기 위해서는 구체적인 하위 유형을 언급하기에 앞서 성격장애 공통의 문제를 살펴볼 필요가 있다. 그 이유 중 하나는 앞서 언급했듯이, 모든 사람이 다양한 특징을 동시에 소유하고 있고 단지 그 정도에서 차이를 보일 뿐, 어느 한 개인이 특정 하위 유형의 주요 특징만을 지니면서 다른 하위 유형의 특징은 전혀 가지고 있지 않은 경우는 없기 때문이다.

우리는 일반적으로 사람들이 특정한 방식으로 행동하고 생각하며 느낄 것이라는 기대나 틀을 가지고 있다. 이러한 기대나 틀을 크게 벗어난 행동, 생각, 느낌을 갖고 있는 사람을 우리는 '이상한' 사람으로 본다. 이 틀은 크게 네 부분으로 나누어 볼 수 있다. 그것은 생각, 감정, 다른 사람들과의 관계, 자신의 충동을 조절하는 것이다.

먼저 생각과 신념심리학에서는 이를 '인지' 또는 '사고' 라고도 부른다을 보자. 생각 또는 신념은 자신에 대해서, 다른 사람들에 대해서, 그리고 특정한 사건이나 현상에 대해서 인식하고 해석하며, 그 의미를 자기 나름대로 부여하는 것이다. 예를 들어, 자기를 실제보다 지나치게 위대하다고 생각하거나 다른 대부분의 사람을 악하다고 믿는 것 등은 보통 사람들의 일반적인 모습과는 상당히 동떨어져 있는 믿음이라고 할 수 있다.

두 번째는 감정이다. 여기에는 한 개인이 특정한 일이나 사람에 대해 지니는 감정이 긍정적인가 부정적인가, 어느 정도로 강한가, 안정적인가, 그리고 감정이 그 상황에 적절한 것인가 등이 포함된다. 단지 친구가 함께 여행을 가주지 않는다고 해서 자신이 버림받은 것 같은 절망감을 느끼거나 배신감에 치를 떠는 사람이 있다면, 이 사람은 지나치게 강한 감정을 보이는 것이며 이는 적절하지 않은 것이다.

세 번째로, 대인관계에 있어서도 성격장애의 유형에 따라 특징적인 양상을 보인다. 다른 사람에게 지나치게 의존한다든지, 절대로 다른 사람을 믿지 못한다든지, 혹은 자신의 이득을 위해 그들을 이용만 하거나 공격적 · 적대적 행동을 보이는 것을 평범한 관계라고 보기는 힘들다.

마지막으로, 성격장애를 지닌 사람들은 충동을 적절하게 조절하는 데 있어서도 어려움을 겪는다. 화가 나면 자신도 모르게 주먹이 먼저 나가고 자신의 그런 행동을 조절하지 못한다면, 그리고 이미 사건이 벌어진 후에야 자신이 어떤 행동을 했는지 알게 된다면 그것은 충동을 조절하지 못한 것이다. 그

성격장애 진단기준 (DSM-5; APA, 2013)

A. 개인이 속한 사회의 문화적 기대에서 심하게 벗어난 지속적인 내적 경험과 행동 양식이 다음 중 2개(혹은 그 이상의) 영역에서 나타난다.
   (1) 인지(즉, 자신과 타인, 사건을 지각하고 해석하는 방식)
   (2) 정동(감정, 즉 정서 반응의 범위, 강도, 불안정성, 적절성)
   (3) 대인관계 기능
   (4) 충동 조절

B. 이러한 지속적인 양식이 융통성이 없고, 개인 생활과 사회생활 전반에 넓게 퍼져 있다.

C. 지속적인 양식이 사회적, 직업적, 그리고 다른 중요한 기능 영역에서 임상적으로 심각한 고통이나 손상을 초래한다.

D. 양식이 변하지 않고 오랜 기간 지속되어 왔으며, 그 시작 시기는 적어도 청소년기나 성인기 초기로 거슬러 올라갈 수 있다.

E. 이러한 지속적 양식은 다른 정신장애의 증상이나 결과는 아니다.

F. 이러한 지속적 양식이 물질(예: 약물남용, 약물치료) 혹은 다른 의학 상태(예: 두부 외상)의 직접적인 생리적 효과에 따른 것이 아니어야 한다.

외에도 어떤 물건을 보고 갑자기 갖고 싶다는 생각이 들어 자신의 물건이 아닌데도 일단 훔치고 본다면 이 행동 역시 충동

조절의 문제를 반영하는 것이다.

앞서의 네 영역 중 적어도 2개 이상에서 문제가 분명하고, 이러한 행동들이 굳어져 있어서 잘 변화되지 않고 융통성도 없으며, 그 사람의 생활 전반에 퍼져 있고, 사회생활이나 직업 또는 다른 중요한 생활 영역에 심각한 부적응과 고통을 가져올 때 성격장애가 있다고 말할 수 있다(APA, 2013).

3) 성격장애 진단과 관련된 쟁점들

성격 기능에 대한 판단을 할 때는 개인의 인종, 문화, 사회적 배경을 고려해야 한다. 이민 후 뒤따르는 문화 적응과 관련되는 문제나 개인이 살아온 문화에서 수용되는 관습, 종교, 정치적 가치관의 표현과 관련되는 문제를 성격장애와 혼동해서는 안 된다. 특히 임상가는 임상가 자신과 다른 문화 배경을 지닌 사람을 평가할 때 내담자의 문화적 배경에 익숙한 정보제공자에게서 정보를 따로 얻는 것이 좋다.

흔치는 않지만 성격장애의 진단범주는 소아나 청소년에게도 적용할 수 있다. 특정한 부적응적 성격 특성이 생활 전반에 널리 퍼져 있고 지속적이며, 그들이 속한 발달단계에 적합하지 않고, 정신분열증, 우울증, 불안장애 등 임상장애에 의한 것이 아닐 때 성격장애로 진단을 내릴 수 있다. 18세 미만의 소아 · 청소년이 성격장애라는 진단을 받으려면 그런 특성들이 최소한 1년은 지속되어야 한다. 예외적인 경우는 반사회성 성격장애로서, 이 장애는 18세 이전의 개인에게는 진단을 내릴 수 없다(APA, 2013).

성격장애는 성별에 따라 차이를 보인다. 예를 들어, 반사회성 성격장애는 남자에게서 더 많고, 경계선 · 연극성 · 의존성 성격장애는 여자에게서 더 많다. 이런 유병률의 차이는 실제 성차를 반영할 수도 있지만, 성역할 고정관념 때문에 나타나는 것일 수도 있다. 즉, 남성과 여성에게 문화적으로 기대되는 특성이나 편견, 고정관념에 따라 각 성격장애를 남성 혹은 여성에게 더 많이 진단 내릴 수 있다. 따라서 임상가는 전형적인 성역할과 행동에 대한 사회적 고정관념 때문에, 또는 기존에 알려진 성차 자료에 편향되어서 남녀의 성격장애를 과대 진단하거나 과소 진단하지 않도록 주의해야 한다.

발달적으로 볼 때 성격장애는 대개 청소년기나 성인기 초기에 나타난다. 반사회성 성격장애와 경계선 성격장애처럼 나이가 들면서 일부 완화되거나 호전되는 유형도 있지만, 대부분의 성격장애는 시간이 흘러도 별로 변하지 않고 지속된다. 특히 강박성 성격장애와 분열형 성격장애는 변화가 거의 없다고 알려져 있다.

성격장애 진단과 관련해 가장 핵심적인 쟁점은 앞서도 언급한 차원모형이냐 범주모형이냐다. 현재까지의 과학적인 근거는 차원모형이 우세하며(Sarka & Duggan, 2012), DSM-5 개정 과정에서도 차원모형의 적용이 유력하다고 알려졌으나 마지막 단계에서 기존의 범주모형으로 회귀하였다. 그 이유는 확실치는 않으나, 미국정신의학회에서 발간하는 진단분류 체계이므로 의료모형에 입각한 범주모형으로 최종 단계에서 기운 것으로 보인다. 다만, 성격장애의 차원모형도 3절Section III '부상하는 측정도구와 모형들Emerging measures and models'에 성격장애에 대한 DSM-5 대안모형으로 포함되었다. 하지만 그렇다고 해도 기본 진단분류 체계가 과학적 근거에 역행한 측면이 있으므로 이 부분은 앞으로 지속적인 쟁점이 될 것으로 보인다. ◆

3. 편집증의 역사적 조망

1) 편집성

편집성 성격장애의 핵심 특징은 다른 사람들에 대한 불신과 의심이며, 사람들의 동기를 악의적으로 해석하고 적대감을 갖는 것이다. 이러한 패턴은 성인기 초기에 시작하여 여러 상황에 걸쳐 폭넓게 나타난다.

편집성 성격장애를 지닌 사람들은 의심이 많고 남을 경계하고 적대적이며, 다른 사람들의 행동이 자신을 속이거나 이용하거나, 배반하려 하는 것이라고 생각하고 화를 잘 낸다. 또한 다른 사람들이 속임수나 나쁜 동기를 숨겨 놓고 있으리라고 확신하고 늘 그것을 찾아내는 데 몰두해서 다른 사람들과 좋은 관계를 맺지 못할 뿐 아니라 의심과 경계하는 행동으로 상대방을 화나게 만들곤 한다. 그래서 상대방이 화를 내면 자신의 예상이 적중했다는 생각에 의심과 경계는 더욱 강해진다.

편집성 성격을 지닌 사람들은 융통성이 없고 대처 기술이 부족하다. 경계선 성격은 일관성이 없고 매우 불안정한데 반해 편집성 성격 구조는 아주 완고하고 유연성이 없다. 또한 완전히 무의미하고 관련 없는 사건인데도 자신과 관련된 것으로 여기는 경우가 많고, 외부 현실 세계를 있는 그대로 보지 않고 자기 나름의 의미를 부여하며 현실을 재구성한다.

2) 편집증의 역사

편집증paranoia이라는 말은 역사가 꽤 깊다. 이 말이 문헌에 처음 등장한 것은 히포크라테스의 글보다도 앞선 2,000년 전의 의학 문헌에서였다. 편집증을 뜻하는 영어 파라노이아paranoia는 원래 그리스어로 "제정신을 잃은"이라는 뜻이다. 고대 문헌에서는 일반적으로 심각한 정신장애를 통칭하는 용어로 사용하였는데, 2세기로 접어들면서 문헌상에서 사라졌다가 18세기에 들어서야 다시 등장하였다.

기술정신병리학의 아버지로 불리는 Kraepelin은 편집증의 의미를 '매우 체계화되어 있고, 잘 억제하며, 그 외의 다른 성격 이상이 없는 환자들의 망상' 으로 제한하였다. 그는 편집증의 진행 과정에서 먼저 편집성 성격이 생긴다고 보았다.

Kraepelin 이후 편집증은 망상delusion과 동의어처럼 사용되었고 DSM-Ⅲ-R(APA, 1987)까지도 망상장애를 망상편집장애delusional[paranoid] disorder라는 진단명으로 사용하였다. 그러나 최근에는 심리학자를 중심으로 편집증을 일반인이 가끔 나타낼 수 있는 의심이나 경계심부터 편집 성향, 편집성 성격, 편집성 성격장애, 피해망상, 정신분열증 또는 양극성 장애의 피해망상에 이르는 연속선상의 현상인 것으로 이해하고 있다. 문제는 연속선의 극단으로 갈수록 편집 성향이 더 심각해지는 것 외에도 이런 경향이 고정적이고 경직되어 있다는 것이다. 그들은 객관적 사실과 자신의 신념이 일치하지 않을 경우에도 사실에 근거해 자신의 신념을 조정하지 못하고 기존의 생각을 고수한다.

3) 근대적 관점

(1) Freud의 설명

Freud(1896)는 처음에는 편집증을 방어에 의한 정신병이라고 생각하였다. 즉, 받아들일 수 없는 충동에 대한 억압 방어의 효율성이 무너지면 이로 인해 부인, 반동 형성, 투사 등의 방어기제를 대안적으로 사용하게 된다는 것이다.[1] 이런 조작은 정신 내적으로 일어나는 것이지만 망상을 통해서 의식적인 형태로 나타난다.

Freud는 이러한 특정 정신 내적 과정을 이용하여 제대로 억압되지 못한 동성애적 충동에서 편집증이 나오는 과정을 설명하였다. Freud(1911/1925)는 유명한 Schreber의 사례에 이와 같은 설명을 적용하였다. Freud의 논리는 다음과 같다.

> Schreber가 다른 남자에게 '나는 그를 사랑한다' 라는 형태로 갖고 있는 동성애적 충동은 부인된다. 그 충동은 의식적으로는 혐오할 만한 것이기 때문에 그 반대인 반동 형성으로 바뀐다. 즉, '나는 그를 사랑하지 않는다' '나는 그를 미워한다' 이다. 다음 단계인 투사에서 그의 태도는 다음과 같이 바뀐다. '내가 그를 미워하는 것이 아니라 그가 나를 미워하는 것이다' 마지막으로, 그는 새로 생긴 증오를

---

1 • 억압(repression): 받아들이기 어렵거나 인정하기 힘든 내적 욕구 및 경험, 갈등을 무의식적으로 부인함으로써 의식하지 못하게 되는 방어기제.
• 부인(denial): 외부의 위협이나 충격적 사건, 내적 욕구의 존재를 부정하는 것.
• 반동형성(reaction formation): 무의식적 욕구와 정반대로 표현하는 것.
• 투사(projection): 자신의 경험이나 욕구를 다른 사람에게 전가하여 그 사람이 그렇다고 믿는 것.

> 정당화할 필요가 있기 때문에 합리화라는 좀 더 틀에 박힌 방어기제로 돌아가고 다음과 같이 결론을 짓는다. '그가 나를 미워하기 때문에 나도 그를 미워한다'

Freud는 피해망상, 색정망상, 질투망상 등 폭넓은 범위의 망상이 본질적으로 유사한 정신역동 과정과 그 변형을 통해 발전한다고 보았다. 따라서 그는 가학-피학증과 편집성 행동 간에 기본적인 연관성이 있을 수 있다는 암시를 주었다. 학대받는다는 무의식적 환상을 갖고 있는 사람들을 묘사하면서 Freud(1919/1959)는 다음과 같이 썼다.

> 그런 사람들은 흔히 아버지와 같은 부류에 포함할 수 있는 사람들을 향해 특별한 민감성과 화를 발전시킨다. 그들은 이런 부류의 사람에 대해 쉽게 화를 내고, 그런 식으로 아버지에게 학대당한 상상 속의 상황을 현실화한다. 그 환상이 편집증의 망상적 정당화의 기초라는 것을 증명할 수 있는 날이 있을 것이다.

부인이나 투사 등 편집증에 기여하는 심리과정을 제안함으로써 편집증에 대한 이론적 모형을 만드는 데 Freud가 중요한 역할을 하긴 했지만, 그는 편집성 성격 유형의 기원이나 구조에 대해 완전한 기초를 구성하지는 못했고, 동성애적 욕망 등 일부 가정은 경험적으로 지지받지 못했다.

(2) Cameron의 설명

Cameron(1963)은 편집성 성격이 기본적인 신뢰감의 부족에서 기인한다고 하였다. 편집성 성격장애를 지닌 사람들은 어릴 때 심하게 매를 맞거나 욕설을 듣는 등의 학대를 받은 경우가 많다. 이로 인해 이들은 자신과 타인을 학대하는 태도를 내면화한 것이다.

편집성 성격장애를 지닌 사람들은 만성적이고 습관적으로 의심을 한다. 이들은 자신의 기대와 생각에서 조금이라도 벗어나면 의심을 하며, 그 의심을 쉽게 떨쳐버리지 못하고 계속해서 집착을 보인다. 그 결과 많은 사람을 의식하게 되고, 자신이 '위험한 사람들' 로 가정한 사람들이 음모로 가득 찬 단체인 '가상공동체pseudo-community' 를 조직한 것으로 상정한다. 그리고 이 조직체의 존재는 자신의 적대적이고 공격적인 행동을 정당화하는 근거가 되며, 자신의 불안을 설명하는 것이 된다. 따라서 이들은 실제 사건은 왜곡하고 사소한 사건에 중요성을 부여한다.

이러한 Cameron의 설명은 성격 요인과 성장 과정에서의 대인관계 경험, 촉발요인 등의 상호작용을 통해 편집증과 망상 형성의 단계별 특성을 가정함으로써 상당한 설득력을 지닌다.

4) 최근 설명 모형

편집증 연구자인 Winters와 Neale(1983), Butler와 Braff(1991)는 편집증 및 망상에 대한 이론들을 크게 동기 이론과 결함 이론으로 분류하였다. 동기 이론은 망상을 가지게 된 심리적 이유를 강조하는 입장으로, 망상이 비정상적 경험에 대한 합리적 해석의 결과라는 Maher(1974)의 가설과 불편감이나 불안의 감소를 강조하는 정신역동 이론 및 학습 이론 등이 이 범주에 속한다고 보았다. 반면, 결함 이론은 인지-주의 과정상의 결손을 강조하는 입장들을 포함하는데, 최근의 추세는 근본적인 결함보다는 정보처리 편향을 강조하고 있다. 그렇지만 이 두 요인 중 어느 한 요인만으로는 편집증과 망상을 완전하게 설명할 수 없다. 더구나 망상의 유형과 내용에 따라 이 두 요인의 상대적 기여도가 다를 수도 있다.

이러한 점에서 Brockington(1991)의 설명은 설득력이 있다. 그는 망상 형성의 원인과 유지 요인을 다음과 같이 가정한다. 우선, 원인 요인으로는 뇌의 기능적 이상, 기질 또는 성격

변인, 자존감 유지애정망상과 피해망상의 경우, 정서과대망상과 죄업망상의 경우, 환각 등의 비정상적 지각 경험, 인지적 과부하지나친 극도의 각성, 지나친 집중 및 반추 등를 든다. 또한 유지 요인으로는 사고의 경직성, 망상을 강화하는 환경 요인, 망상이 다른 사람으로 하여금 망상 확증적 행동을 하도록 유도하는 악순환 등을 들고 있다. 여기서 편집성 성격과 관련 있는 피해망상의 원인을 자존감 유지라고 본다는 것에 주목할 필요가 있다.

일반인이 보이는 편집 성향에 관심을 가진 Fenigstein (1994)은 편집증의 원인과 관련된 요인을 생물학적 요인과 심리적 요인으로 나누었다. 심리적 원인으로는 정신역동적 원인, 발달적 문제, 편집적 신념체계, 비정상적 지각, 스트레스, 정보처리 편향 등을 들었는데, 여기서 발달적 문제는 성격적 소인과 권위주의적이고 지배적인 가족 배경, 부적절한 사회화 등의 요인과 관련된다. 또한 편집적 신념체계란 초기의 가족사보다는 후에 출현하는 고정되고 굳어진 편집증적 신념체계를 원인 요인으로 강조하는 것이다. 스트레스 요인은 급격한 환경 변화, 구속과 고립, 통제 상실 같은 상황적 측면이다. 정보처리 편향이란 위협자극에 대한 선택적 정보처리 등 정보처리상의 오류와 편향을 편집증의 원인으로 가정하는 것이다.

Fenigstein은 편집증의 경우, 특별히 생물학적 원인은 시사되지 않는다고 보았다. 물론 이 요인들 이외에도 사회문화적 요인이나 다양한 환경적 요인이 망상 및 편집증을 촉발하는 요인이 될 수 있다(Butler & Braff, 1991, Berke et al., 1998).

그렇지만 망상과 편집증을 심리적 측면에서 이해하기 위해서는 핵심적인 동기와 인지적 측면 모두에 초점을 두는 것이 중요하다. 최근에는 동기적 설명보다 인지적 측면이나 정보처리 편향이 강조되고 있는 추세지만, 자존감 유지와 관련된 동기적 측면이 귀인 및 정보처리 편향 등 인지적 측면과 상호작용하여 망상이나 편집증을 유발하고 유지·강화하는 것으로 가정하는 것이 설득력을 지닌다. 이를 반영한 모형이 Bentall 등(Bentall et al., 2001; Kinderman & Bentall, 1996)의 자기방어모형self-defensive model이다. 이 모형에서는 편집성 성격이 자기 및 타인에 대한 부정적 신념을 지니며, 자존감에 대한 위협감을 쉽게 느끼고 그 방어를 위해 위협적이거나 부정적인 사건을 타인에게 귀인한다고 본다.

보다 최근에 Freeman과 Garety(2004)는 정서, 인지, 지각적 이상 경험, 사회적 요인 등을 포괄하는 다요인 모형인 위협예상모형threat anticipation model을 제안하였다. 이 모형은 개인이 자신의 경험을 설명하려는 시도에 따라 편집 성향과 피해망상이 나타날 수 있다고 보아 Maher(1974)의 입장을 수용하고 있으며, 불안과 위협감, 성장 과정에서의 부정적인 대인관계 경험을 통해 갖게 된 부정적인 자기 및 타인 도식의 핵심 역할을 가정한다. 즉, 개인이 역기능적인 삶의 경험을 자주 겪어 자기와 타인 그리고 세상에 대해 부정적인 표상을 갖게 되는 것 그리고 불안으로 대표되는 위협 시스템이 과활성화되는 것이 편집 성향과 피해망상의 취약성이라고 볼 수 있다(Salvatore et al., 2012). ◆

4. 편집성 성격장애의 진단기준과 유병률

1) 편집성 성격장애의 진단기준

앞서 살펴본 성격장애 진단과 관련된 차원론 및 범주론 쟁점과 같이, 어느 한 사람이 10가지 성격장애 중 특정한 하나에 완벽하게 들어맞고 다른 성격장애의 특성은 전혀 보이지 않는 경우는 거의 찾아보기 힘들다. 대부분의 사람이 다양한 성격 특성을 많든 적든 가지고 있으며, 단지 그중 일부 특성이 상대적으로 두드러지는 것일 뿐이다. 따라서 차원적 특성을 지닌 성격을 진단 범주에 따라 성격장애로 진단 내리는 데는 세심한 주의가 필요하다. 특히 편집성 성격장애의 경우 차원으로 보아야 한다는 연구 결과가 많고예: Edens, Marcus, & Morey, 2009, 5요인 모형을 적용한 차원모형이 제시되기도 했다 (McCrae & Costa, 2003; Widiger, 2005). 더 나아가 편집성이

기질temperament이나 특성trait이므로 성격장애 진단에서 제외해야 한다는 주장도 있다(Triebwasser, Chemerinski, Roussos, & Siever, 2013). 그럼에도 DSM-5에서는 진단 범주를 고수하고 있는데, 이 부분에 대한 학술적 비판과 진단의 타당성 문제는 앞으로도 지속될 것으로 보인다. 어쨌든 현재 널리 쓰이고 있는 진단분류 체계인 만큼 DSM-5에서 제시하고 있는 기준을 살펴보도록 하겠다.

DSM-5에서 제시하는 진단기준을 보면 A는 편집성 성격장애의 핵심 증상이고, B는 배제기준, 즉 A의 증상이 있더라도 편집성 성격장애로 진단해서는 안 되는 경우를 제시한 것이다. 다시 말해, 편집성 성격이 아닌 다른 원인으로 A의 증상이 나타난 경우를 구별해야 한다.

편집성 성격장애로 진단된 사람들은 특히 스트레스 하에서 아주 짧은 기간수분 혹은 수시간 지속 정신병적 증상을 보이기도 한다. 어떤 경우에는 편집성 성격장애가 망상장애나 정신분열증의 병전 성격이기도 하다. 진단기준 하단의 주석 내용이 이를 반영한 것이다. 또한 주요우울장애정신병적 우울증로 연결되기도 하며, 광장공포증 및 강박장애와 연결될 위험도 높다. 게다가 알코올 혹은 다른 물질을 남용하거나 그것에 의존하기도 한다. 가장 흔하게 함께 나타나는 성격장애는 분열형 · 분열성 · 자기애성 · 회피성 · 경계선 성격장애다.

편집성 성격장애 진단기준(DSM-5; APA, 2013)

A. 타인의 동기를 악의에 찬 것으로 해석하는 등 광범위한 불신과 의심이 성인기 초기에 시작되어 폭넓은 상황에서 나타나며 다음 중 4개(또는 그 이상의) 항목을 충족시킨다.

(1) 충분한 근거 없이 타인이 자신을 착취하고 해를 주거나 속인다고 의심한다.

(2) 친구나 동료의 성실성 및 신용에 대한 부당한 의심에 사로잡혀 있다.

(3) 정보가 자신에게 악의적으로 사용될 것이라는 부당한 공포 때문에 터놓고 얘기하기를 꺼린다.

(4) 호의적인 말이나 사건 속에서도 자신을 비하하거나 위협하는 숨겨진 의도를 읽어 내려고 한다.

(5) 원한을 오랫동안 품고 있다. 예를 들면, 모욕, 상해 혹은 경멸을 용서하지 않는다.

(6) 다른 사람들은 그렇게 보지 않는데도 자신의 인격이나 명성이 공격당했다고 느끼고 즉시 화를 내거나 반격한다.

(7) 정당한 근거 없이 배우자나 성적 상대자의 정절에 대해 반복적으로 의심한다.

B. 위 증상들이 정신분열증, 양극성 장애, 정신병적 양상을 보이는 우울장애 혹은 기타 정신병적 장애의 경과 중에만 나타나서는 안 되고, 다른 의학적 상태의 생리적 효과에 의한 것이 아니어야 한다.

* 주: 위 진단기준이 정신분열증(조현병) 발병 전에 해당할 경우 '병전(premorbid)', 즉 '편집성 성격장애(병전)'를 추가한다.

2) 편집성 성격장애의 유병률

편집성 성격장애는 조사마다 다르지만 대략 일반 인구에서 2~4%, 정신과 입원 환자에서 10~30% 그리고 외래 환자에서 2~10%의 유병률을 보인다고 알려져 있다. 그러나 Freeman, Freeman과 Garety(2008)에 따르면, 편집성 의심suspiciousness은 이전에 생각했던 것보다 훨씬 흔하며 일반인의 3분의 1이 의심이나 피해 사고를 보인다고 보고했다. 즉, 의심은 행복, 분노, 우울, 불안만큼 흔한 현상이라는 것이다. 그들의 조사에 따르면, 93%가 자신이 때로 뒷담화의 대상이 된다고 생각했으며 80%는 낯선 사람이 자신을 비판적으로 쳐다본다고 느낀 적이 있다고 답했다. 10~30%는 일주일에 한 번은 실제로 위협을 겪는다고 보고했다.

가계 연구 결과를 보면, 만성 정신분열증 환자의 친척 중에 편집성 성격장애가 많다는 일부 보고가 있고, 특히 피해망상 환자 가족에 많다고 한다. 반면, 사회문화적 배경이나 특정 생활환경의 영향으로 빚어진 특정한 행동이 편집적인 것으로 오해되는 경우도 있으며, 실제로 인종차별이나 계층 간 차별이 심한 문화에서, 그리고 사기 혹은 범죄의 피해자, 착취나 학대 또는 배신당한 경험이 있는 사람들에게서 편집증이 많다.

편집성 성격장애 성향은 소아기와 청소년기에 처음으로 발견된다. 이들은 혼자일 때가 많고 친구관계가 좋지 않으며, 사회에 대한 불안과 불만이 많고, 과민반응을 보이고, 특이한 생각과 언어, 공상을 보인다. 임상 장면에서는 여성보다 남성에게서 더 많이 진단된다. ◆

5. 편집성 성격장애의 특성

1) 공통적 증상 특성

편집성 성격을 지닌 사람들이 보이는 공통적인 증상 특성은 크게 불안의 일차 원천, 인지적 과정, 전형적인 기분과 행동의 세 영역으로 나누어 볼 수 있다(Millon & Davis, 1996). 지금부터 소개하는 내용은 Millon과 Davis(1996) 그리고 Kantor(2004)가 정리한 내용과 임상적으로 널리 알려진 내용을 중심으로 편집성 성격장애의 특성을 정리한 것이다.

(1) 통제력과 자율성 상실에 대한 두려움

편집성 성격장애를 지닌 사람들은 의존하는 것을 싫어한다. 그 이유는 그들이 사람들을 믿지 못하기 때문이기도 하지만, 그들에게는 그러한 행동이 약하고 열등하다는 것을 의미하기 때문이기도 하다. 다른 사람에게 기댄다는 것은 배신당할 위험에 자신을 노출시키는 것이며, 도움이 가장 필요할 때 도망쳐 버릴 사람에게 의지하는 것이 된다. 다른 사람들에게 믿음을 주는 것보다 자신의 통제권과 자율성을 지키는 것이 그들에겐 훨씬 더 큰 문제인 것이다. 그래서 편집성 성격을 지닌 사람은 자율성에 대한 위협에 극히 예민하기 때문에 의무에 저항한다. 외부 권위에 지배당하거나 자기보다 더 강한 힘에 부속되는 것은 이들에게 극심한 불안을 불러일으킨다. 그리고 자신을 유혹하고 복종시키려는 미묘한 책략일까 봐 두려워하며 협력하는 것을 매우 꺼린다. 정복당하는 것에 대한 두려움 때문에 그들은 아무도 자신의 의지를 꺾지 못하도록 주의 깊게 경계한다.

Millon과 Davis(1996)에 따르면, 외부의 영향력에 대한 편집성 성격장애를 지닌 사람의 이러한 매우 특징적인 저항의 기저는 바로 애착불안이다. 애착의 결과, 즉 누군가와 밀접한 정서적 유대를 형성한 결과로 개인적인 통제력과 자율성을 잃을까 봐 두려워하는 것이다.

자신의 통합성과 지위를 다시 찾고자 고투하면서, 그리고 속임수와 배신을 두려워하면서 그들은 공격적이 되고 자신을 핍박하는 것에 대해 다른 사람들을 비난하며, 과대하게 포장된 장점과 우월성을 내세우며 자신을 추켜세운다.

편집성 성격장애를 지닌 사람이 갖고 있는 애착에 대한 두려움과 자신이 하찮은 사람이 되는 것에 대한 두려움은 분열형 성격장애에서의 불안과 유사하다. 그러나 편집성 성격장애를 지닌 사람은 분열형처럼 다른 사람들에게서 돌아서더라도 분열형과는 달리 자신 안에서 스스로를 강화한다. 그들은 스스로 고양된 이미지를 만들어 내고, 다른 사람들과 떨어져서 보상을 얻기 위해 적극적인 환상 세계를 만들어 낸다. 외부로부터 인정과 힘을 얻지 못할 때는 내부로부터 그것을 만들어 낸다. 따라서 그들의 내적 세계는 거절과 고뇌의 경험을 완전히 보상하게 되고, 망상적 사고를 통해 실제보다 훨씬 매력적인 자기 이미지를 재구성한다.

(2) 인지적 의심과 망상

편집성 성격장애를 지닌 사람의 신뢰감 부족은 그들의 지각과 사고, 기억을 각색한다. 물론 모든 사람이 자신의 필요와 과거 경험에 따라 선택적으로 사건을 지각하고 추론한다. 이는 인간에게 매우 보편적인 현상이기도 하다. 그러나 편집성 성격장애를 지닌 사람의 감정과 태도는 그들 안에 만성적이고 만연한 의심을 일으키면서 다른 사람들에 대한 강렬한 불신을 만들어 낸다는 점에서 독특하다. 또한 그들은 지나치게 예민해서 적대감과 기만의 신호를 쉽게 탐지한다. 그들은 이런 지각된 의심에 몰두하고 자신의 예상을 확증하기 위해 다른 사람들의 말과 행동을 적극적으로 집어내어 확대 · 왜곡하는 경향이 있다.

편집성 성격장애를 지닌 사람들은 다른 사람들과의 애착을 피하고 자신의 생각과 관점을 다른 사람들과 나누려 하지 않기 때문에 혼자 떨어지게 되며 현실 검증을 잘 못해서 자신의 의심과 환상을 그대로 유지하게 된다. 그들은 자신의 상상이 확대되는 것을 막아줄 사람이 없기 때문에 자신의 두려움과 소망을 지지하기 위해 사건을 조작한다. 자신의 신념에 맞게 과거를 재구성하고, 불안과 욕구를 정당화하기 위해 복잡한 논리를 세운다. 그들은 독립성을 지키기 위해 자신을 고립시키고, 다른 사람들의 관점과 태도를 공유하지 않는다. 또한 그들은 사적인 추측과 가설을 고안하고 형성한다. 그렇게 되면 이것을 판단할 자격이 있는 사람은 오직 그 자신뿐이기 때문에 그들의 신념은 타당한 것으로 '확정'된다.

따라서 그들은 자신의 생각이 타당한지 검증하지 못한다. 그들이 본 것과 생각한 것 사이에는 어떤 차이도 존재하지 않는 것처럼 되어 버리고, 스치는 인상과 어렴풋한 기억이 사실로 간주되며, 서로 연관 없는 사실이 합해져 결론이 내려진다. 이처럼 의심에서 추측과 상상으로 이어지는 '흔들림 없는' 과정은 결국 망상을 야기하여 경직되고 견고한 신념체계가 만들어진다.

망상은 편집성 성격 유형의 최종 산물이다. 편집성 성격장애를 지닌 사람들의 망상은 다른 병리적 유형들에서 보이는 것과 다르다. 이들은 자기강화와 독립적인 사고에 익숙하고 자신의 유능함과 우월성을 확신하기 때문에 신념을 형성하는 데 기술적이며 자신이 옳다는 확신에 차 있다. 따라서 그들의 망상은 체계적이고 일견 합리적이며 설득력을 갖는 경향이 있다.

(3) 방어적 경계와 감추어진 적대감

편집성 성격장애를 지닌 사람들은 비상사태나 위협에 대해 항상 경계하고 그것에 준비되어 있다. 진짜 위험을 만나든 그렇지 않든 간에 그들은 공격과 명예훼손의 가능성에 대해 준비성과 경계심을 유지한다. 그들이 아주 사소한 위협 단서에도 반응을 보이는 것은 항상 초조한 긴장과 방어적 자세를 유지하고 있기 때문이다. 이런 경직된 통제 상태는 잘 줄어들지 않으며, 그들은 이완되어 편안히 경계를 푸는 일이 거의 없다.

편집성 성격장애를 지닌 사람들의 표면에 나타나는 불신과 방어적 경계 아래에는 자신을 '그렇게 만든' 다른 사람들을 향한 깊은 적개심이 흐르고 있다. 그들의 눈에 대부분의 사람은 그들의 지위를 부당하게 달성한 것으로 보인다. 단지 얇은

베일이 이런 적대감을 감추고 있을 뿐이다.

편집성 성격장애를 지닌 사람들은 자신의 잘못과 약점을 받아들이지 못하고 그것을 다른 사람들에게 귀인함으로써 자존감을 유지한다. 그들은 자신의 실패를 부정하고, 무엇이든 다른 사람의 탓으로 돌린다. 또한 그들은 사람들의 아주 사소한 결점까지도 끄집어내어 자신이 경멸하는 사람들에게서 발견한 사소한 결점을 지적하고 과장하려 한다.

2) 특징적 행동과 태도

앞서 편집성 성격장애의 공통 특징을 3가지 영역으로 나누어 살펴보았다. 그런데 이러한 특성은 실생활에서 다양한 행동과 태도로 표현되므로 주변 사람들이 관찰할 수 있는 것은 공통 특성보다는 구체적인 행동과 태도다. 여기서는 Millon(Millon & Everly, 1985; Millon & Davis, 1996)과 Kantor(2004)가 상세하게 기술한 편집성 성격장애를 지닌 사람들의 특징적인 행동과 태도를 재구성해 살펴보도록 하겠다.

(1) 방어행동

편집성 성격장애를 지닌 사람들은 늘 긴장되어 있고 경계하는 행동을 보인다. 마치 경계 근무를 서는 초병처럼 눈동자는 고정되어 있고, 주의를 끄는 모든 것에 예리하게 초점을 맞춘다. 이런 특성은 그들이 환경을 얼마나 경계하고 있는지 잘 보여준다. 그들은 잠재적인 악이나 기만 또는 자신을 비하하는 것 등을 예견하고 이를 막기 위해 지나칠 만큼 촉각을 곤두세운다. 이는 그들이 집요하고도 완강하게 외부 환경에 저항하고 있음을 의미한다.

앞서 말했듯이, 편집성 성격장애를 지닌 사람들은 실제적 혹은 가상적 위협에 대처할 태세를 갖추고서 속임수나 비하에 대해 예민하게 경계하며, 아주 작은 공격에도 즉각 행동할 방어 자세를 갖추고 있다. 이들은 좀처럼 경계를 풀거나 긴장을 이완하지 않는다.

(2) 화를 돋우는 대인관계 행동과 분노 폭발

편집성 성격장애를 지닌 사람들은 과거에 관계 맺은 사람들을 못마땅해하고 용서하지 않을 뿐 아니라, 최근에 알게 된 사람들과도 잘 싸우고 까다롭게 굴며 논쟁을 잘 한다. 대인 관계에서 볼 때 그들은 다른 사람들의 숨겨진 동기를 찾는 데 몰두함으로써 분노와 격분에 빠진다. 이들에게 있어 자신의 확고한 불신과 방어적 경계는 자신을 '그렇게 만들어 놓은' 사람들 때문이며, 그래서 분개한다.

편집성 성격장애를 지닌 사람들은 자신의 방어가 흔들리고 통제가 풀어지면 기저의 두려움과 격노가 드러나 공격성을 보이고 욕설을 마구 퍼부으면서 엄청난 적대적 힘을 폭발시킨다. 이런 정신적 폭발은 보통 오래 지속되지 않고, 두려움과 적대감이 분출되고 나면 평정을 되찾아 자신의 행동을 합리화하고 방어를 재구성하며 공격성을 억제하려 한다. 그러나 이것은 정상적인 상태로 되는 것이 아니라 단지 그들의 이전 성격 유형으로 돌아가는 것일 뿐이다(Millon & Davis, 1996).

(3) 의심하는 태도

이미 살펴본 대로, 편집성 성격장애를 지닌 사람들의 가장 두드러진 특성은 그들에게 만연해 있는 의심일 것이다. 그들은 친척이나 친구, 가까운 사람들을 포함한 다른 사람들의 동기에 대해 부당하게 회의적이고 냉소적이며 불신에 차 있다. 전혀 악의가 없는 일도 숨겨진 의도나 음모가 있는 것으로 해석한다. 심지어 호의적인 일에서도 숨겨진 의미를 찾고, 배우자나 친한 친구의 충실함 및 정조에 관해서도 의심하며, 무관하거나 사소한 문제를 이중성 또는 배신의 증거로 확대하는 경향이 있다. 이를테면 자기가 계산한 시간보다 1분만 늦어도 바람을 피운 증거라고 주장하기도 한다.

문제는 그들의 예상된 의심을 확증하지 못하는 사건에 대해 '단지 다른 사람들이 얼마나 기만적이며 머리를 잘 굴리는

지를 증명하는 것' 이라고 생각한다는 점이다. 그들이 갖고 있는 이런 선입견은 사실에 의해 바뀌는 경우가 거의 없다. 더욱 심각한 문제는 그들이 다른 사람들의 화를 돋움으로써 자신이 예상했던 대로 다른 사람들이 행동할 수밖에 없는 분위기를 만들고는 의심과 적대감을 키워간다는 것이다. 이는 심리학에서 자기이행적 예언self-fulfilling prophecy이라고 부르는 현상 중 하나다. 즉, 자기 자신의 신념에 따라 특정한 예언을 세우고 그 예언이 이루어지는 방향으로 행동한 후, 자신의 예언이 맞았다고 확신을 강화하게 되는 편향 중 하나다. 이는 자기 자신에 대한 생각자기개념에도 적용된다.

(4) 신성불가침의 자기상

대부분의 편집성 성격장애를 지닌 사람은 주변 사람들의 행동이 자신과 관련되어 있다고 생각하는 지속적인 자기관계적 사고와 자만심을 지닌다. 그들은 전혀 악의가 없는 행동이나 사건도 자신의 인격에 대한 공격으로 지각한다. 이와 같은 매우 편협한 태도는 자신의 정체감을 잃을 것에 대한 강한 두려움에서, 그리고 더 중요하게는 그들의 자기결정권에 대한 집착에서 나온다(Millon & Davis, 1996).

편집성 성격장애를 지닌 사람들은 자기결정권을 확증하는 수단으로 아무도 자신을 정복할 수 없다는 태도와 자만심을 갖는다. 또한 그들은 자신이 비범한 능력을 가지고 있다고 스스로 확신함으로써 자신의 운명도 혼자 개척할 수 있다고 생각한다. 따라서 그들은 결코 누군가를 필요로 하거나 다른 누군가에게 의지하지 않을 것이다.

편집성 성격장애를 지닌 사람들의 자신감과 자만심은 단지 텅 빈 껍질을 감추기 위한 것일 뿐, 그들의 거만한 자율적 태도의 내면은 매우 불안정하다. 작은 도전에도 큰 상처를 받기 때문에 그들의 방어적 모습은 실제적이거나 가상적인 위협에 의해 약해진다. 다시 말해, 그들은 자신의 힘을 과시하고 다른 사람들에게 정복되지 않음을 주장하려는 노력으로 신성불가침의 자기상을 내세우는 것이다.

(5) 고착된 대상 표상

Millon과 Davis(1996)에 따르면, 대부분의 편집성 성격장애를 지닌 사람은 어린 시절 중요한 사람들과의 관계에서 내재화된 표상이 제한되고 고정된 채로 굳어 있다. 이런 정신 내적 요소들은 그들이 현재 세계에서 상호작용하는 다른 사람들의 태도와 성향에 관해 부당한 확신을 갖게 한다.

편집성 성격장애를 지닌 사람들은 자신이 다른 사람을 불신하고 그들의 배신과 가해적인 대우를 두려워하는 이유를 과거의 경험에서 찾는다. 즉, '예전에도 이런 경험이 있기'

때문이라는 것이다. 이런 위협에 대처하기 위해 그들은 잠재적인 공격자에 대한 보호태세 및 정복과 승리의 수단으로서 다른 사람들에게서 멀리 떨어져야 하고 힘이 세야 하며, 늘 경계해야 한다는 것을 배운다.

(6) 투사와 환상

편집성 성격장애의 특징 중 의심 다음으로 많이 나타나는 것은 역동적 방어기제인 투사기제의 사용이다. 그들은 자신의 바람직하지 않은 개인적 특성을 적극적으로 부인하고 마음대로 다른 사람의 탓으로 돌린다. 따라서 자신의 부정적인 행동과 특성은 보지 못하는 반면, 다른 사람들이 유사한 특성을 약간만 보여도 매우 과민하게 반응한다. 그들은 자신의 약점을 부인할 뿐만 아니라 그것을 자신의 실제 혹은 상상의 가해자에게 던져버린다. 그들은 투사기제를 통해 어리석고 악하고 침해하려는 것은 자신이 아니라 '그들' 이라고 주장할 수 있다. 즉, '내가 그들을 해치려는 게 아니라 그들이 나를 해치려 한다' 고 주장하는 것이다.

편집성 성격장애를 지닌 사람들은 자신 안에 있는 결점과 약점을 받아들일 수 없기 때문에 자신의 단점을 다른 사람의 탓으로 돌림으로써 자존감을 유지한다. 또한 그들은 직접적으로나 간접적으로 자기가 경멸하는 사람들의 사소한 결함을 찾아서 그것을 지적하고 과장한다.

한편, 편집성 성격장애를 지닌 사람들은 지속적인 비하와 위협에 직면하면 자신을 구하고 자신의 자율성과 힘을 재설립하기 위해 환상을 동원한다. 즉, 자신이 부적절하고 무의미하다는 느낌을 인식하고 직면할 수 없기 때문에 우월한 자기 이미지를 만들어내기 시작한다. 혼자서 계속 반추하면서 복잡한 자기기만을 통해 자신의 탁월성에 대한 증거를 구성하는 것이다.

(7) 경직성

편집성 성격장애를 지닌 사람들의 사고와 감정, 행동은 매우 경직되어 있다. 특히 주목할 만한 것은 방어적 대처 경로가 다양하지 않고 늘 똑같은 경로와 비융통성을 보인다는 것이다. 이런 경직성은 예상치 못한 스트레스 상황에 직면했을 때 적절한 대처 방법을 모색하지 못하게 하며, 폭발적인 화나 내적 손상에 쉽게 빠지게 만든다. 앞서도 소개한 것과 같이, 편집성 성격장애를 지닌 사람들의 결함은 다른 심한 성격장애처럼 일관성이 없는 데 있는 것이 아니라 지나치게 긴장하고 굳어져 있는 특성에 있다. 따라서 이들은 외적 폭발이나 내적 손상의 가능성을 막기 위해 일상생활에서 지속되는 사건을 자신의 내적 구조와 대상에 맞게 변형시키려 한다.

(8) 화를 잘 내는 기분과 기질

편집성 성격장애를 지닌 사람들이 보이는 좀 더 일반적인 외현적 특성은 차갑고 뿌루퉁하고 심술궂으며 유머가 없는 것이다. 학습된 것이든 타고난 것이든 편집성 성격장애를 지닌 사람들은 겉으로 보기에 정서가 메마르고 객관적인 것처럼 보인다. 다른 한편으로 그들은 전형적으로 날카롭고 질투심이 많으며, 사소한 일에도 화를 잘 낸다. 또한 딱딱하고 융통성이 없으며 다른 사람들의 고통에 전혀 동하지 않고 무감각하다. 그럼으로써 그들은 예상되는 속임과 종속의 덫에 빠지는 것으로부터 자기 자신을 지키게 된다. 그것은 성공적인 방어적 책략일 뿐 아니라 자신의 분개심과 화에 대해 책임을 지지 않는 방법이기도 하다.

편집성 성격장애를 지닌 사람들에게 있어 적대감은 방어 기능과 회복 기능을 동시에 지닌다. 그것은 위협에 맞서는 수단일 뿐 아니라 그들이 자기결정권과 자율성의 이미지를 회복하도록 해준다. 현재의 분노는 과거의 원한에 의해 생긴 것으로, 이전에 받은 모욕에 대해 보복하려는 욕구가 표면으로 떠올라서 현재의 적대감으로 표출되는 경우가 많다. ◆

6. 편집 성향을 보일 수 있는 장애들

앞서 소개한 대로, 편집성 성격은 정도의 문제다. 따라서 정도의 차이는 있지만 많은 사람에게서 관찰되며, 이는 당연한 현상이기도 하다. 그렇지만 편집 성향이 다른 임상 현상에 동반하여 나타나거나 다른 장애의 핵심 증상 중 일부로 나타나는 경우 정신의학적으로는 주된 장애가 무엇인지 감별 진단하는 것이 진단적 · 치료적으로 중요한 쟁점이 된다. 여기서는 편집성 성격의 특성을 보이는 다른 심리장애와 편집성 성격장애의 핵심적인 차이가 무엇인지 알아볼 것이다.

1) 정신병적 장애

DSM-5(APA, 2013)에서 소개하고 있는 장애 중 편집성 성격장애와 가장 관련이 있는 것은 망상장애, 특히 피해망상형

망상장애와, 피해망상이 주 증상인 정신분열증이다.[2] 이 두 장애는 편집성 성격장애의 특성을 보이지만 그 정도가 심하고, 특히 편집성 성격장애에는 본질적이지 않은 망상과 환각 등의 지속적인 정신병적 증상을 보임으로써 편집성 성격장애와 구분된다.

망상장애는 한 가지 이상의 망상을 최소한 1개월 이상 지속적으로 나타내지만 정신분열증의 진단기준에는 해당하지 않는 경우를 말한다. 이들은 망상과 관련된 생활영역 외에서는 기능적인 손상이 없으며, 뚜렷하게 이상하거나 기괴한 행동도 나타내지 않는다(APA, 2013). 또 여기서의 망상체계가 꼭 지속적이고 변하지 않는 것일 필요는 없다. 망상장애의 하위유형에는 애정형erotomanic type, 과대형grandiose type, 질투형jealous type, 피해형persecutory type, 신체형somatic type 등이 있는데, 이 중 피해형이 편집성 성격장애와 가장 많은 특성을 공유한다.

망상을 주 증상으로 하는 정신분열증은 앞뒤가 맞지 않는

2 DSM-IV(APA, 1994)까지는 정신분열증의 하위 유형(subtypes)으로 편집형, 긴장형, 해체형 등을 구분하였으나, 연구 결과 환자의 증상이 한 유형에서 다른 유형으로 변화하기도 하고, 또한 하위 유형 간 중복 증상을 나타내는 경우도 많아 DSM-5에서는 하위 유형을 구분하지 않는다.

말, 연상의 이완, 환각, 단편화된 망상 등으로 특징지을 수 있다. 편집 성향에서 망상장애, 정신분열증 망상으로의 발전은 일차적으로 성격의 와해 정도를 반영하는 것 같다.

주요우울장애major depressive disorder, 양극성장애bipolar disorder 등 정신병적 양상이 있는 기분장애에서도 편집 성향이 나타날 수 있는데, 여기서도 일정 기간 지속되는 정신병적 증상예: 망상과 환청이 있기 때문에 편집성 성격장애와 구분된다. 여기에 편집성 성격장애 진단을 추가하려면 성격장애가 정신병적 증상이 발병하기 전에 존재했어야 하고, 정신병적 증상이 호전된 뒤에도 남아있어야 한다. 편집성 성격장애를 지니고 있던 개인이 DSM-5의 만성적 정신병적 장애예: 정신분열증를 갖게 되었을 때는 편집성 성격장애를 기재하고 괄호 안에 '병전 성격'이라고 써준다.

2) 다른 성격장애

편집성 성격장애에 해당하는 개인이 또 다른 성격장애의 기준에도 맞는 성격 양상을 지니고 있는 경우는 흔하다. 하지만 정신의학적으로는 성격장애를 여전히 범주에 따라 분류하고 있으며, 이에 따라 병원 장면에서는 다른 성격장애와의 핵심 차이를 인식하여 감별 진단하는 일이 중요하게 간주되고 있다.

(1) 분열형 및 분열성 성격장애

편집성 성격장애를 지닌 사람들의 친밀한 애착에 대한 두려움은 분열형 성격장애를 지닌 사람들과 비슷하다. 두 성격장애 모두 친밀한 대인관계로부터 거리를 두고 외부적 통제의 위협에 취약하다. 그러나 차이도 있다. 예를 들어, 분열형 성격장애를 지닌 사람들은 자기 자신에게 거의 만족을 경험하지 못하고, 따라서 낮은 자기가치감을 지닌다. 그들은 다른 사람들뿐만 아니라 스스로에게서도 돌아서기 때문에 사회적으로 애착을 형성하지도 않고 자기가치감을 갖지도 못한다. 반면에 편집성 성격장애를 지닌 사람들은 다른 사람들에게서 돌아서기는 하지만, 활발한 환상을 통해 고양된 자기 이미지를 만들어내는 경향이 있다. 무감동하고 무관심한 경향이 있는 분열형과는 달리 편집성 성격장애를 지닌 사람들은 흔히 원기왕성하고 논쟁적이며 적대적이다. 또한 분열형 성격장애는 마술적 사고, 이상한 지각 경험, 괴이한 사고와 말 같은 증상이 있으나 편집성 성격장애에서는 이러한 증상이 잘 나타나지 않는다. 그러나 분열형과 편집성 그리고 경계선 성격장애를 지닌 사람들을 증상 수준에서 감별하기가 극히 어려울 때도 있다. 이런 경우에는 발달력을 참조하여 좀 더 정확한 감별을 시도하기도 한다.

분열성 성격장애를 지닌 사람들은 낯설고 엉뚱하며 냉담하고 동떨어져 보이는데, 대개 뚜렷한 편집성 사고는 지니고 있지 않다. 이들은 대인관계의 필요성을 잘 느끼지 못하고 혼자 있는 것을 선호하지만 지나친 경계나 피해의식, 적대감을 나타내지는 않는 경우가 대부분이다.

(2) 회피성 성격장애

회피성 성격장애를 지닌 사람들에게서도 다른 사람들의 동기와 의도에 민감해하고 의심하는 행동이 나타날 수 있기 때문에 감별에 어려움이 있다. 핵심적인 차이는 회피성의 경우 외현적으로도 자기가치감이 낮은데 반해, 대부분의 편집성 성격장애를 지닌 사람은 적어도 겉으로는 자기가치감이 높으며, 갈등 상황에 직면했을 때 기꺼이 자신의 분개심과 화를 직접적으로 터뜨린다는 것이다. 또한 회피성 성격장애를 지닌 사람들은 타인의 의도를 의심하기보다 자신의 부족함과 부적절성이 드러날까 봐 타인을 신뢰하기를 꺼린다. 회피성 성격장애를 지닌 사람이 시간이 지남에 따라 자연스럽게 편집성 특성을 획득하기도 한다.

(3) 기타 성격장애

자기애성 성격장애를 지닌 사람들은 자만심을 통해 자신을 보상하고 방어할 뿐 아니라 편집성 성격에서 두드러지는 사회적 회피와 의심을 나타낸다. 하지만 이들은 흔히 다른 사람들에게 존경과 찬사를 유도하면서 아주 성공적이고 유능한 방식으로 자신의 삶을 다루는 능력과 차가운 우월성을 나타낸다. 반대로 편집성 성격장애를 지닌 사람들은 전형적으로 분개심과 의심을 나타낸다. 또한 자기애성 성격장애에서 보이는 의심이나 사회적 위축과 고립은 일차적으로 불완전함이나 결점이 나타나는 것에 대한 두려움 때문에 일어나는 경우가 많다.

경계선 성격장애와 연극성 성격장애 모두 사소한 자극에도 분노로 반응하는 경향은 편집성 성격장애와 유사하지만, 대체로 이 두 장애는 광범위한 의심은 갖고 있지 않다. 한편, 반사회성 성격장애는 복수하고자 하는 욕구 때문이 아닌 개인의 이득을 위해, 혹은 타인을 착취하기 위한 욕구에서 반사회적 행동을 한다는 점이 편집성 성격장애와 다르다.

3) 편집성 반응과 공포증

공포증은 위협과 불안전함에 대한 과도한 믿음으로 생기

며, 일반적으로 흔한 공포를 과장하거나, 혹은 흔히 겪지 않는 공포를 보인다. 정신역동적 관점에서는 공포증과 편집 성향이 내적으로 생긴 긴장과 불안을 없애기 위해 부인하고 투사한다는 점에서 유사하다고 가정하기도 한다. 그러나 공포증에 대한 부인 및 투사 가설은 편집증에 비해 경험적 지지가 부족하며, 이 두 장애의 증상은 매우 다르다.

공포증을 지닌 사람은 자신의 공포를 비합리적이고 특이하며, 심지어 어리석은 것으로 생각한다. 따라서 그들에게 공포는 낯설고 자아이질적ego-dystonic이어서 자기 것으로 받아들이기 힘든 것이고, 그것을 완전히 없애고 싶어 하며, 이 목적을 이루기 위해 치료자를 찾는다.

반면, 편집성 성격장애를 지닌 사람은 자신의 편집 신념 혹은 망상을 마음 전체로 받아들이므로 자신에게서 비합리적이고 특이하며 어리석은 것은 보지 못한다. 또한 정신분석적으로는 자신이 투사하는 것이 실재한다고 믿는다. 그것은 그에게 낯설기는커녕 자아동질적ego-syntonic인 것이어서 진짜 현실의 일부로 경험된다. 편집성 성격장애를 지닌 사람들은 자신의 생각이 객관적인 현실이라고 다른 사람들을 설득하려고 하며, 때때로 설득에 성공한다. 만약 상대방이 자신의 말을 믿지 않으면 그 사람을 '음모'의 일부라고 의심하기도 한다. 그들은 자신의 증상을 없애기 위해서가 아니라 자신을 위협하는 사람들을 막을 수 있도록 도움을 받고자 치료자를 찾는다.

공포증과 편집성 반응 간의 또 다른 중요한 차이는 증상을 나타내는 대상에서의 차이다. 공포증을 지닌 사람들은 전형적으로 자신의 공포의 초점을 동물, 사물, 상황 또는 일반 사람들에게 맞추고 있다. 반면에 편집성 성격장애를 지닌 사람들은 항상 사람들과 대인관계에 초점을 맞추고 있으며 개나 곤충, 밀폐 공간 혹은 높은 곳 때문에 위협을 받는다고는 느끼지 않는다. 대신 특정한 사람의 증오나 특정한 가상집단의 '음모'에 위협을 받는다고 느낀다. 편집성 성격장애를 지닌 사람들이 기본적으로 대인 간 상호작용에서의 장애, 즉 다른 사람들을 이해하고 신뢰하는 데 있어서의 결함으로 고통을 겪는다는 것은 명백하다. ◆

7. 편집성 성격장애 진단의 딜레마

(1) 편집 성향의 연속성

반복해서 강조하지만, 편집 성향은 일반인이 가끔 약하게 보이는 의심과 불신부터 심한 피해망상에 이르기까지 나타나는 연속선상의 현상이다. 편집 성향과 피해망상은 질적으로 전혀 다르며 망상은 정상적 현상이 아닌 병적 현상이라는 주장도 있지만, 현재까지의 연구 결과를 종합하면 연속선상의 현상으로 보는 것이 더 타당하다. DSM-IV나 DSM-5에서도 망상과 강한 신념을 구분하기 어려운 경우가 있으며, 확신 정도의 문제라고 기술함으로써 망상과 편집증이 연속선상에서 일어난다고 인정하고 있다물론 뇌장애 등 명백한 기질적 장애에 따른 망상은 예외다.

일반적으로 편집 성향이 있는 사람들은 타인의 행동과 의도를 불순한 것으로 해석하는 경향이 있으나, 망상이나 환각 같은 지속적인 정신병적 증상은 가지고 있지 않다. 편집 성향을 대표하는 용어인 편집성 관념paranoid ideation에 대해 DSM-5(APA, 2013)에서는 "망상보다는 약한 관념으로서, 괴롭힘, 학대, 부당한 대우를 받는다는 신념이나 의심을 말한다"(p. 826)고 정의하고 있다. 앞서 편집증에 대한 역사적 개관에서 살펴본 대로 편집증이라는 용어는 초기에는 광범위한 정신병적 상태를 지칭하는 용어로 사용하였으나 현재 임상 장면에서는 극도의 의심을 의미하는 용어로 사용하고 있으며, 이러한 의심이 망상 수준인 경우에만 망상장애로 분류한다.

편집 성향의 심각성에 따른 인지적 특성을 DSM-5 진단에 따라 분류해보면 편집 성향이 심하지 않은 일반인, 편집성 성격장애, 망상 수준의 편집 성향을 보이는 망상장애, 피해망상을 주 증상으로 보이는 정신분열증으로 나누어볼 수 있다. 중요한 점은 이 장애들 간의 경계가 명확하지 않고, 한 개인 내에서도 시기와 상황에 따라 변화가 있으므로 하나의 범주로 분류하는 것은 적절치 않은 경우가 많다는 점이다. 또한 진단 분류상으로는 구분되어 있지 않지만, 일반인과 편집성 성격장애를 지닌 사람 사이에 '편집 성향자'로 불릴 만한 수준의 편집성 성격을 나타내는 사람도 존재한다.

◆ **편집 성향의 심각도에 따른 인지양식의 차이**

심각도	진단분류	인지양식
경미	일반인	• 가끔 의심하기도 함
중하	편집 성향 성격	• 의심하는 인지양식을 나타냄
중간	편집성 성격장애	• 의심하는 인지양식이 행동의 효율성을 손상시킬 정도임 • 망상은 없음 • 현실검증력도 정상적임
중상	망상장애	• 안정되고 만성화된 망상체계를 나타냄 • 통상 6개월 이내로 지속되며, 만성화되지는 않음
심각	정신분열증	• 단편적이고 비체계적인 망상을 보임 • 환각 및 사고장애를 동반하는 경우가 많음 • 현실 왜곡이 심함

(2) 그들은 일반인과 전혀 다른가

앞서 편집 성향의 연속성을 논의했지만, 편집성 성격장애를 지닌 사람과 일반인은 의심하는 인지양식 등 편집 성향의 핵심 특성이 얼마나 강한지의 정도에서 차이가 있을 뿐 질적으로 다른 것은 아니다. 흔히 특정한 정신병리나 임상 증상을 나타낼 때 그 사람을 일반인과는 질적으로 다른 환자로 간주하는 경우가 많은데, 실제로 이런 분류 개념은 그리 설득력이 없다. 정신장애의 경우에는 원인이 뚜렷이 밝혀진 것이 거의 없고, 따라서 현재 사용하고 있는 진단분류체계도 원인에 근거하기보다는 증상에 따라 분류한 것이기 때문이다. 증상의 유무나 심각성은 개인차가 클 뿐 아니라 한 개인 내에서도 변화가 크기 때문에, 항상 정도의 차이로 해석해야지 그 유무 자체를 질적 차이로 받아들여서는 안 된다.

더구나 편집성 성격의 경계하고 의심하는 특성은 위협적인 환경에서는 적응적일 수 있다. 따라서 편집성 성격장애라는 진단을 내리려면 이와 같은 특성이 경직되고 부적응적이고 지속적이며, 심각한 기능장애나 주관적인 고통을 초래해야 한다. 예를 들어, Mel Gibson이 주연한 영화 〈컨스피러시Conspiracy〉에서처럼 실제 위협과 음모가 존재하는 상황에서 갖는 의심과 불신, 경계는 오히려 자신의 안전을 지키는 적응적인 행동이며, 편집성 성격장애나 피해망상으로 볼 수 없다.

따라서 편집성 성격장애를 지닌 사람이 일반인과 전혀 다른 사람인 것은 아니다. 단지 일반인이 가질 수 있는 여러 가지 성격 특성 중 의심하는 인지양식, 적대적 태도, 투사와 부인 경향 등 편집성 성격의 특성을 다른 사람보다 더 많이 지니고, 그것이 지속적이어서 여러 가지 문제를 초래하기 때문에 편집성 성격장애로 진단하는 것이다. 즉, 매우 일반적이면서도 위험 탐지의 측면에서는 진화적으로 적응적일 수도 있는 심리과정이 과잉일반화된 것이 임상적으로 의미 있는 편집사고일 뿐이다(Carroll, 2012).

(3) 사회적 얼굴과 내면의 얼굴

편집성 성격장애를 지닌 사람들이 다른 사람을 대하는 모습을 보면, 다른 사람을 의심하고 적대적으로 대하며 화를 잘 내는 것을 볼 수 있다. 다른 사람을 문제시하고 누군가가 자신을 해치려 한다고 생각해서 늘 경계 상태에 있는 것이다. 반면에 자신에 대해서는 과대한 자부심을 보이는 경우도 많다. 그렇다면 그들은 자기 자신에 대해서는 아무런 문제도 느끼지 않는 것일까? 그리고 정말 자신에 대해서는 확신에 차있는 것일까?

그렇지 않다. 그들은 실제로는 열등감과 부정적 자기개념에 휩싸여 있으며, 그런 자신이 취약하고 나약하다고 여겨 자격지심이 강하다. 그러나 이런 인식은 그들의 마음 깊은 곳에 숨어 있다. 그들 자신이 이러한 면이 드러나는 것에 강한 두려움을 가지고 있기 때문이다. 그리고 이러한 자신을 보호하기 위해 겉으로는 다른 사람을 탓하고 의심하며 화를 내는 것이다.

어떤 면에서 편집성 성격장애는 우울증과 유사하다. 많은 임상가가 이 점을 지적했고, 실제 연구 결과에서도 편집성 성격장애를 지닌 사람들의 자존감이 낮고 자기개념이 부정적임을 입증하고 있다(이훈진, 1997; Bentall et al., 2001). 그들이 우울증을 지닌 사람들과 다른 점은 낮은 자존감을 보호하기 위해 다른 사람을 탓한다는 것이다. 그래서 그들은 의도적으로 모든 것을 다른 사람의 탓으로 돌리고 의심하는 것이다.

그들은 자신보다는 다른 사람을 주시하고 끊임없이 경계하며 악의에 찬 사람으로 몰아붙이지만, 실제로 그들은 스스로 다른 누군가에게 화가 나 있다. 특히 그들의 마음 깊은 곳에서는 그들 자신을 의심하고 있다.

(4) 자작극인가 피해자인가

편집증을 병적 증상으로 볼 경우, 그것은 환자 자신이 만들어 낸 근거 없는 피해망상, 즉 자작극이라고 볼 수 있다. 그러나 우리가 관찰할 수 있는 피해의식과 피해망상이 모두 자작극인 것은 아니다. 그중 상당수는 실제로 피해를 입거나 배신, 학대를 당한 경험에서 시작한 것이다. 따라서 개별 사례마다 편집성 성격의 발달 과정과 원인이 다르며, 모든 편집성 성격장애와 피해망상에 대해 자작극이라고 보거나 그것을 지닌 사람을 실제 피해자라고 일률적으로 단정 지을 수는 없다.

대부분의 편집성 성격장애를 지닌 사람과 피해망상을 지닌 사람이 실제로 피해 경험과 자작극적인 요소를 모두 가지고 있다고 보는 것이 보다 정확할 것이다. 피해의식은 성장 과정이나 생활 경험에서 주변 사람들의 태도와 행동의 영향을 받는다. 따라서 허구에 의한 망상으로 완전히 단정할 수 있는 것은 거의 없다. 일부 사실에 근거해 위협감을 느끼고 경계하는 과정에서 그것을 과장 또는 왜곡하고, 다른 상황과 다른 사람들에게 일반화하는 과정에서 피해의식과 피해망상이 형성된다. 그래서 이미 상당히 진행된 피해망상을 접하는 사람은 상대방의 얘기가 황당하고 비현실적이며 병적으로 느껴질 수 있지만, 초기 단계에서부터 발전되어 온 과정을 면밀히 살펴보면 이해가 가능하고 부분적으로는 실제 경험이 영향을 주었음을 알 수 있다.

그렇다면 실제로 피해 경험이 있는 사람은 모두 피해의식이나 편집성 성격 또는 피해망상을 지니는가? 이 역시 꼭 그렇지는 않다. 유사한 경험을 하더라도 그것을 피해망상으로 발달시키는 사람이 있고 그렇지 않은 사람이 있다. 그 차이가 바로 편집성 성격에 영향을 미치는 여러 가지 요인에 따라 결정되는 것이다. 결국 편집성 성격과 피해망상은 개인의 경험과 성격 특성, 발달 배경과 생활환경 등이 상호작용한 결과로 보아야 한다. 이는 모든 정신병리 현상이 마찬가지다. ◆

8. 편집성 성격장애의 자가 진단

독자 중에는 편집성 성격의 특성을 읽으면서 '그렇다면 나도 편집성 성격장애?'라고 의심한 사람도 더러 있을 것이다. 아니, 많을 것이다. 그러나 걱정할 필요는 없다. 이미 전제했듯이 편집성 성격은 있고 없고의 문제가 아닌 정도의 문제다. 즉, 생활에 지장을 초래하고 적응이 어려울 정도가 될 때만 문제시하면 된다. 그렇다면 과연 문제가 되는 정도란 어느 정도를 말하며, 그것은 어떻게 알 수 있는가?

한 가지 방법은 앞에서 소개한 진단기준에 자기나 주변 사람의 행동을 맞춰보는 것이다. 그래서 진단기준을 충족한다면 편집성 성격장애로 보고 전문가에게 도움을 구하거나 자기 수정을 시도해볼 수 있다. 그러나 전문가가 아닌 사람이 전문적 진단기준을 적용하는 것은 쉽지 않고, 또 위험한 일이기도 하다. 한 가지 편리한 방법은 질문지로 확인해보는 것이다. 그러나 아직까지 우리나라에는 편집성 성격장애를 진단할 수 있는 표준화된 질문지가 개발되어 있지 않다. 따라서 아직 불완전하지만 저자가 사용하고 있는 편집 성향 측정 도구를 소개하고자 한다. 여기에서 제시하는 기준은 2천 명 이상의 대학생과 정신과 환자, 일반인을 대상으로 조사한 자료에 근거한 잠정적인 기준이다.

질문지 실시 방법과 채점 방법은 문항 아래에 제시되어 있다. 이 질문지의 총점은 0점부터 80점까지로 나오는데, 대학생과 일반인이 이 질문지에서 보이는 점수는 평균 24점 정도이고, 표준편차는 10점 정도다. 따라서 이 질문지 점수가 34점 이상이면 약간 높은 편집 성향, 44점 이상이면 아주 높은 편집 성향을 나타내고 있다고 잠정적으로 이해할 수 있다.

하지만 검사 결과 점수가 높다고 해서 반드시 편집성 성격이거나 편집성 성격장애라고 할 수는 없다. 다른 많은 측면이 간과되었기 때문이다. 따라서 이 질문지에서 점수가 높게 나온 사람은 정확한 진단을 위해 전문가에게 도움을 구하는 것이 좋다. 마지막으로, 이 점수에 근거하여 자신이나 다른 사람을 함부로 편집성 성격장애를 지닌 사람으로 단정 짓는 것은 절대 금물임을 다시 한 번 명심해야 한다. ◆

편집성 성격장애의 자가 진단 문항 예

0	1	2	3	4
전혀 그렇지 않다	대체로 그렇지 않다	보통이다	대체로 그렇다	항상 그렇다

1. 나에게 원한을 품고 있는 사람이 있다.	0	1	2	3	4
2. 누군가가 나를 미행하는 것처럼 느낄 때가 있다.	0	1	2	3	4
3. 나는 이유 없이 벌 받은 때가 자주 있었다고 생각한다.	0	1	2	3	4
4. 내 생각을 훔쳐 가서 자기 것으로 삼으려는 사람이 있다.	0	1	2	3	4
5. 나의 부모와 가족은 필요 이상으로 내 흠을 잡는다.	0	1	2	3	4
6. 사람들은 남의 일에 진정한 관심을 갖지 않는다.	0	1	2	3	4
7. 확실히 내 팔자는 사납다.	0	1	2	3	4
8. 사람들은 이득이 된다면 다소 옳지 못한 수단도 쓸 것이다.	0	1	2	3	4
9. 남이 나에게 잘해줄 때는 숨은 의도가 있지 않나 생각하곤 한다.	0	1	2	3	4
10. 아무도 믿지 않는 것이 가장 안전하다.	0	1	2	3	4
11. 종종 낯선 사람들이 나를 흠잡듯이 쳐다보는 것 같다.	0	1	2	3	4
12. 사람들이 친구를 사귀는 이유는 대개 자신에게 이로울 것 같기 때문이다.	0	1	2	3	4

13. 누군가 내 생각에 영향을 끼치려고 애쓰고 있다.	0 1 2 3 4
14. 분명히 남들이 내 말을 하고 있을 것이다.	0 1 2 3 4
15. 사람들은 대개 속으로는 싫어하면서도 남을 돕는 척한다.	0 1 2 3 4
16. 나는 예상 외로 친하게 구는 사람을 경계하는 편이다.	0 1 2 3 4
17. 사람들은 나에 대해서 모욕적이고 매정한 말을 한다.	0 1 2 3 4
18. 사람들은 종종 나를 실망시킨다.	0 1 2 3 4
19. 어디를 가나 사람들이 나를 지켜보는 것 같아서 괴롭다.	0 1 2 3 4
20. 단지 자신이 먼저 생각해 내지 못했다고 해서 나의 좋은 생각을 시기하는 사람들을 흔히 본다.	0 1 2 3 4

채점 및 해석

0~13점: 편집 성향이 매우 낮다.

14~33점: 보통 정도의 편집 성향을 지닌다.

34~43점: 편집 성향이 높은 편이다.

44점 이상: 편집성 성격장애나 피해망상이 있을 수 있다.

2 편집성 성격장애는 왜 생기는가

1. 인지행동 이론
2. 내적 갈등과 투사: 정신역동 이론
3. 발달적 요인
4. 자기 및 타인 표상
5. 사회문화적 요인
6. 종합적 설명

1. 인지행동 이론

1) 편집성 성격의 인지적 특성

최근 많은 인지행동치료 전문가가 성격장애의 치료에 주의를 기울이고 있으며, 편집성 성격장애에 관한 여러 인지행동적 관점과 기법 역시 발달하고 있다. 인지적 관점에서는 사고방식, 즉 신념이 심리장애의 핵심 요인이며, 인지와 신념을 검색하고 변화시킴으로써 감정 및 행동의 변화를 가져올 수 있다고 가정한다.

편집성 성격장애를 지닌 사람들은 다른 사람들과의 문제에 대해 상대방을 탓하는 경향이 강하고, 다른 사람들에 대한 자신의 확신을 정당화하기 위해 많은 경험을 증거로 끌어들인다. 그러나 정작 자신의 행동이 자신의 문제에 어떤 영향을 미치는지는 잘 모른다.

편집성 성격장애의 초기 모습이라 할 수 있는 편집성 성격양식의 신호로는 문제를 다른 사람의 탓으로 돌리면서 자신은 부당하게 대우받고 학대받는다고 보는 경향이 있고, 권위적인 인물과 반복적으로 갈등을 겪으며, 유머가 통하지 않는 경향이 있다.

편집성 성격장애를 지닌 사람은 전형적으로 매우 경계심이 많고, 모호한 상황을 위협적인 것으로 해석하며, 지각된 위협에 대해 매우 빠르게 사전 예방의 자세를 취한다. 또한 다른 사람들에게 논쟁적이고 완고하며, 방어적이고 화해하지 않으려 하고, 자신의 의심을 문제로 보지 않기 때문에 치료도 잘 받으려고 하지 않는다.

편집성 성격장애에서의 핵심 단어는 의심과 불신이다. 편집성 성격은 모든 상황에서 경계심을 품고, 어떤 일에 대해서든지 숨겨진 동기를 찾으며, 다른 사람을 신뢰하지 않는 경향을 보인다. 반면, 다른 사람들에 대해서는 본질적으로 나쁘고, 기만적이고, 믿을 수 없고, 순진한 척하면서 비밀스러운 방식으로 자신을 방해하고 조종하려 하고, 기분 나쁘게 만들며, 차별하려 한다고 믿는다. 또한 다른 사람들끼리 자신에 대해 은밀한 동맹을 형성하고 있다고 생각한다.

Beck, Freeman과 Davis 등(2004)은 편집성 성격의 인지적 특성을 소개했는데, 특히 다음과 같은 핵심 신념을 제시했다.

- 나는 다른 사람에 의해 상처받기 쉽다.
- 사람들은 믿을 수 없다.
- 사람들은 나쁜 의도를 가지고 있다.
- 사람들은 기만적이다.
- 사람들은 나를 해치거나 평가절하한다.

이들의 조건적 신념은 다음과 같다.

- 내가 조심하지 않으면 사람들은 나를 조종하고 학대하며, 이용할 것이다.
- 사람들이 나에게 다정하게 구는 것은 나를 이용하려는 의도가 있기 때문이다.
- 사람들이 나와 거리를 둔다면 그것은 그들이 우호적이지 않다는 것을 증명하는 것이다.

또한 이들이 갖고 있는 자기지시적스스로 다짐하고 자신에게 지시하는 신념에는 다음과 같은 것이 있다.

"경계하라"
"아무도 믿지 마라"
"숨겨진 동기를 찾아라"

"들어오지 못하게 하라."

2) 대표적인 인지행동 이론

(1) Colby의 인지행동모형

편집증에 대한 비교적 초기의 인지행동모형은 Colby와 동료들이 제시한 것이다(Colby, Faught, & Parkinson, 1979). Colby의 모형은, 편집증이 실제로는 수치심과 굴욕감을 최소화하거나 막으려고 하는 일종의 전략이라는 가정에 기초한다. Colby에 따르면, 편집성 성격장애를 지닌 사람은 창피를 당하는 상황에서 그 사건에 대해 다른 사람을 탓하고 자신이 잘못 대우받았다고 주장함으로써 책임과 수치심, 굴욕감을 피하려고 한다. 이러한 행동을 하는 이유는 자신의 부정적인 경험을 다른 '악한' 사람들에 의한 피해라고 귀인할 때 생기는 분노와 불안이, 자신이 그 사건을 책임질 때 생기는 수치심과 굴욕감보다는 덜 불편하기 때문이다. 즉, 그들은 수치심과 굴욕감보다는 분노와 불안을 택하는 것이다. 편집성 성격장애를 지닌 사람들이 보이는 이러한 귀인은 대인관계 상호작용에도 중대한 영향을 미친다. 특히 단순 수치심 경험보다는 굴욕감을 느낀 수치심 경험이 편집 성향과 밀접히 관련된다.

(2) Turkat의 행동치료 접근

Turkat(1985)은 편집성 성격의 2가지 주요 목표 영역인 비판에 대한 과민성과 부적절한 사회행동을 수정하기 위해 행동수정 절차를 사용하였다. 당시 편집성 성격장애의 심리치료에 대해서는 비관적인 견해가 많았지만, Turkat은 많은 사례가 성공적으로 치료될 수 있다고 주장하였다.

그는 여러 임상 사례의 상세한 검증에 기초하여 편집성 성격장애의 발달과 유지에 관한 인지행동모형을 제안하였다. 아이는 부모와의 초기 상호작용을 통해 '나는 실수하지 않도록 조심해야 한다' '나는 다른 사람들과 다르다' 는 믿음을 갖게 될 수 있는데, 이러한 2가지 믿음 때문에 다른 사람들의 평가를 매우 염려하게 되고 부모의 기대에 동조하게 됨으로써 또래 아이들에게 배척당한다. 하지만 그러면서도 그러한 배척을 극복하는 데 필요한 대인관계 기술은 갖추지 못하고 있다.

결과적으로 그들은 자기가 또래들로부터 고립되고 학대받은 것을 되새기는 데 많은 시간을 보내게 되며, 결국 핍박의 원인은 자신의 특별함에 대한 다른 사람들의 질투라고 결론을 내려버린다. 이렇게 자기 나름대로의 '합리적 설명' 을 함으로써 사회적 고립으로 인한 스트레스를 줄여보려고 노력하지만, 다른 사람에 대한 편집 사고는 그 사람을 더욱 고립에 빠뜨리게 된다.

이들은 사람들이 자신을 거부할 것이라고 예상하고 있기 때문에 사회적 상호작용에서 항상 불안해한다. 만약 이들의 예상과 반대로 다른 사람들이 이들을 수용해주면, 이것은 불안을 없애는 것이 아니라 또 다른 불안을 가져다준다. 왜냐하면 다른 사람이 자신을 수용하는 것은 자신이 지닌 설명체계를 위협하기 때문이다.

Turkat은 편집성 성격장애를 논하면서 이 장애의 시간적 발달에 대한 자신의 생각을 제시하였다. 즉, 편집성 성격장애를 지닌 사람은 다른 사람들에 대한 견해나 이전 사건에 대한 회상을 편집증과 일치하는 방향으로 왜곡하기 때문에 어린 시절에 대한 보고도 많이 왜곡된다는 것이다. 그러나 만약 다른 사람이 실제로 적대적이거나 진짜 위험한 상황에 직면한다면 이러한 편집성 상태가 오히려 적응적인 것이 될 것이다. 많은 편집성 내담자는 자신이 위험한 가정에서 성장하였다고 말한다. 이는 적대적이고 편집적인 가정에서 성장하는 것이 편집성 성격장애의 발달에 중대한 영향을 끼칠 수 있음을 보여준다. 그런 가정에서 적응하고 성장하려면 경계심은 필수적이기 때문이다.

(3) Beck의 인지적 개념화

역동적 입장을 중심으로 한 동기적 이론들은 편집성 성격의 특징인 다른 사람에 대한 의심 및 핍박과 학대에 대한 반추가 그 자체로서 장애의 핵심이 아니라 개인의 수치심이나 자신의 문제를 인정하는 것에 따른 고통을 줄이는 데 사용되는 합리화라고 본다. 그러나 인지치료의 선구자 중 한 사람인 Beck은 편집성 성격장애에서의 이러한 인지의 역할에 대해 다른 견해를 제시하고 있다(Beck et al., 2004). 그는 핵심 신념과 가정이 성격장애를 설명하는 핵심이라고 보았다. 앞서도 살펴보았듯이 이 접근에서 볼 때 편집성 성격장애를 지닌 사람은 다음과 같은 기본 가정을 지닌다.

- 사람들은 믿을 수 없다.
- 사람들은 숨은 동기를 가지고 있다.
- 내가 경계하지 않으면 사람들은 나를 이용하거나 조종하려 들 것이다.
- 사람들은 의도적으로 나를 깎아내리려 하고, 의도적으로 나를 괴롭히려 한다.
- 다른 사람들이 나를 학대하도록 내버려둔다면 나는 심각한 위험에 빠질 것이다.
- 사람들이 나에 대해 알게 된다면, 그들은 그것을 이용해

나에게 나쁜 짓을 할 것이다.
- 나와 가까운 사람들도 불성실하고 부정직할 수 있다.

그리고 이러한 기본 가정은 실생활에서 대화 도중 방 안을 둘러보거나 창밖을 반복적으로 응시하는 등의 행동 혹은 모든 문제를 다른 사람 탓으로 돌리고 자신은 학대받았다고 믿는 것, 권위적 인물과의 반복되는 갈등, 다른 사람의 동기에 대해 지나치게 확신하고 그 사람의 행동을 다른 관점에서 보지 못하며 작은 일도 커다란 의미가 있는 것처럼 해석하고 강하게 반응하는 행동 등으로 표출된다. 그 외에도 1장에서 소개한 다양한 행동 특성들 역시 나타내게 된다.

이와 같은 가정과 행동 특성을 바탕으로 편집성 성격장애를 지닌 사람들의 세계관에 영향을 미치는 핵심적인 심리적 요인을 정리할 수 있는데, 그것은 경계심과 타인에 대한 부정적 기대 그리고 숨은 의도를 찾으려는 경향성이다(Beck et al., 2004).

① 경계심으로 인한 자기영속성

앞에서 살펴본 편집성 성격의 기본 가정은 사람들과의 상호작용에서 기만과 속임수 및 손해를 예상하게 하고, 그러한 신호가 오면 항상 경계하게 만든다. 사람들이 악의적이고 기만적이라는 미묘한 단서를 발견하고 일단 경계하면 편집성 성격을 지닌 사람들은 그런 관점을 지지하는 사람들의 행동을 많이 관찰하게 된다. 그 결과 그들의 편집 성향은 악순환을 지속하게 되는데, 이렇게 어떤 것이 지닌 특성 자체가 그것을 영속적으로 유지시키는 성질을 자기영속성self-perpetuation이라고 한다.

② 기대로 인한 자기영속성

편집성 성격장애를 지닌 사람들이 다른 사람들의 행동에 대해 보이는 부정적인 예상은 동료들과의 상호작용에 중요한 영향을 끼친다. 이들은 정서적 개입과 개방이 상처만 가져다 줄 것이라는 두려움으로 친밀함을 회피한다. 또한 이들의 부정적인 기대로 인한 과잉 반응과 반격은 사람들에게 친절하게 대하지 못하도록 만들고 불신과 적대감을 일으키게 만든다. 따라서 이들의 기대는 자신이 예견한 행동을 스스로 불러일으키는 방식으로 다른 사람들과 상호작용하게 만들고, 그럼으로써 다른 사람들에게 나쁘게 대우받는 경험을 반복하게 만든다. 이런 경험은 이들의 부정적 기대를 지지하여 결국 삶에 대한 편집성 접근 방식을 지속시킨다. 즉, 자기이행적 예언self-fulfilling prophecy을 완성하게 하는 것이다.

③ 자기효능감의 역할

사회학습 이론가인 심리학자 Bandura(1977)가 소개한 자기효능감self-efficacy은 '특정 문제나 상황에 효과적으로 대처할 수 있는 자신의 능력에 대한 개인의 주관적 추정치' 라고 정의된다. 즉, 어떤 문제가 주어졌을 때 자신이 그것을 어느 정도 해낼 수 있을 것으로 보는가 하는 것이다. 이러한 자기효능감이 편집 성향을 줄여줄 수 있다. 좀 더 자신감이 있다면 덜 경계하게 되고 덜 방어적이게 될 것이기 때문이다. 편집성 성격의 경우, 자신의 대처 능력에는 자신이 없으면서 경계를 하면 생존할 수 있을 것이라는 확신을 가짐으로써 결국 편집증을 영속시키게 되는 것이다.

④ 숨은 의도의 탐색

또 다른 요인이 편집성 성격장애를 지닌 사람들의 세계관에 영향을 미치는데, 그것은 숨은 의도를 찾으려는 경향성이다. 그들은 다른 사람이 친절하거나 도움을 주려고 하는 것은 자신을 속이거나 공격할 기회를 엿보기 때문에 보이는 행동이라고 생각한다. 일단 다른 사람의 행동을 기만적인 것으로 해석하고 나면, 그 사람들이 친절하고 믿을 만하게 행동함으로써 자신을 속이려 한다는 추정 자체가 그들의 의도가 악하다는 것을 증명해주는 것이 된다. 그럼으로써 편집성 성격장애를 지닌 사람들은 다른 사람들의 행동에 대한 '명백한' 해석을 거부하고, '진짜' 숨은 의도를 찾으려 하게 된다. 보통 이러한 탐색은 자신의 선입견과 일치하는 해석을 발견할 때까지 계속된다.

편집성 성격장애를 지닌 사람들은 자신이 위험한 상황에 처해 있으며, 오로지 스스로의 능력에만 의존해야 한다는 확신을 갖고 있다. 또한 그들은 대부분의 중요한 위험은 다른 사람에게서 오는 것으로 보기 때문에, 계속해서 상대방의 진짜 의도에 대한 미묘한 단서에 신경을 쓰면서 위험이나 속임수의 신호에 주의를 늦추지 않는다. 동시에 그들 자신은 속임수, 부인, 변명, 남 탓하기 등을 통해 자신의 불안정함과 문제를 숨기려 한다. 그들은 권력을 가진 사람을 두려워하기도 하고 존경하기도 한다. 더불어 배반이나 공격을 두려워하면서 권력 위계에 예민하게 반응하고, 권위자에게 직접적으로 도전하거나 공격을 불러일으키는 것을 싫어하기 때문에 드러내지 않고 수동적으로 은근히 저항한다(Beck et al., 2004).

다음은 이러한 인지적 설명을 모형화한 그림이다. ◆

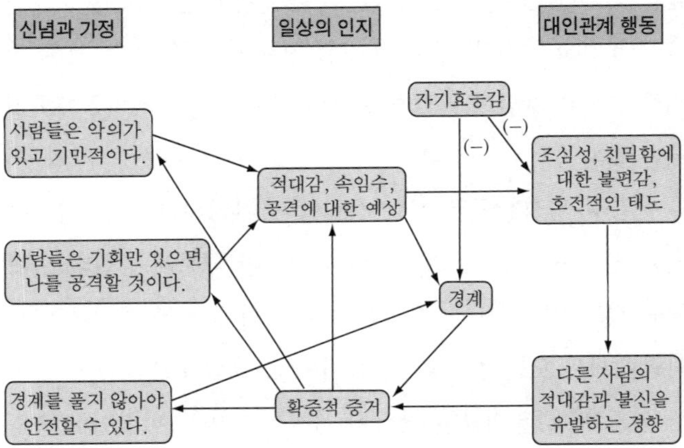

〈편집성 성격에 대한 인지개념화〉

출처: Beck et al. (2004).

2. 내적 갈등과 투사: 정신역동 이론

앞에서 살펴본 대로, Freud는 편집성 성격장애의 기본 갈등이 무의식적인 동성애 욕구와 관련된다고 하였다. 자신이 무의식적으로 동성애 욕구를 가지고 있는 것에 대한 불안을 제거하기 위해 부인과 투사, 반동 형성의 방어기제를 사용한다는 것이다. 즉, 그는 피해 사고, 과대망상, 색정망상, 질투망상, 자기애성 퇴행 등이 이런 무의식적인 동성애 욕구에 기인한다고 본다.

이러한 정신역동적 설명은 특히 동성애적 욕구를 가정한다는 점에서 많은 비판에 부딪쳤지만, 투사와 부인 등의 심리적 기제가 편집증과 관련된다는 가정은 타당성을 인정받고 있다. 이 절에서는 Freud(1896, 1911, 1919)의 입장 그리고 Cameron(1963)이 정리한 내용을 중심으로 정신역동 이론을 간략히 소개하도록 하겠다.

1) 편집증의 발생 및 촉진 요인

(1) 편집증을 유발하는 심리역동적 기제

정신역동적 접근에서는 다음과 같은 심리적 기제가 편집증을 일으킨다고 설명하고 있다.

① 분리

편집성 성격장애를 지닌 사람들은 같은 대상에 대해 애정과 증오를 동시에 느낄 경우, 둘을 통합하지 않고 완전히 분리시킨 후 모든 악한 것을 외부에 투사함으로써 자신은 항상 희생자 역할을 하고 내적 긴장을 완화시킬 수 있다. 이런 완화된 긴장 상태를 유지하기 위해 이들은 경직된 사고와 방어를 유지하게 된다. 이런 식으로 경험을 조직화하는 경우에는 분리splitting가 중심 방어기제가 된다. 이때 같은 대상에 대한 분리된 감정을 통합하려고 하면 증오가 사랑을 억누르고 파괴시키리라는 공포를 느끼면서 참을 수 없는 불안이 나타난다. 따라서 편집성 성격장애를 지닌 사람들이 정서적으로 안정을 유지하고 살아가려면 자신의 모든 '나쁜 부분'을 분리해서 그것을 외부 인물에게 투사해야만 한다.

② 의심

편집성 성격장애를 지닌 사람들은 세계가 신뢰할 수 없고 예측할 수 없는 낯선 사람들로 가득하다는 확신을 가지고 끊임없는 불안 상태에서 살고 있다. 또한 타인에 대한 경험이 안정적이거나 지속적이지 못하여 관계에서 안정적인 확신을 갖지 못한다. 따라서 항상 사람들을 의심하고 세상은 예측할 수 없는 공격자들로 가득하다는 신념에 사로잡혀 있게 되며, 사람들과의 관계에서 상대방의 실수가 조금이라도 발견되면 이를 자신의 신념을 재확인하는 증거로 삼는다.

③ 불완전한 자아

편집성 성격장애를 지닌 사람들은 현실 경험에 대한 지각과 감정, 사고 사이를 중재해주는 자아의 기능이 불완전하여 지각과 느낌 그 자체를 마치 실제인 것처럼 받아들이고 세상에 대해 부정확한 해석을 한다. 편집성 성격장애의 2가지 주요 방어기제로는 투사projection와 투사적 동일시projective identification가 있는데, 편집성 성격장애를 지닌 사람들은 투사를 통해 자기 내면에 있는 위협을 다른 사람이 가하는 것으로 생각한다. 그래서 이들은 투사적 동일시를 통해 위협을 외재화할 뿐 아니라 다른 사람들이 특정 방향으로 행동하고 정서를 체험하도록 유도함으로써 그들을 병리적인 방법으로 속박하고 통제한다. 이처럼 다른 사람들을 통제하려는 욕구는 편집증의 핵심인 매우 낮은 자아존중감을 반영한다. 깊이 들어가 보면, 편집성 성격장애를 지닌 사람들은 자신에 대해 열등하고 약하며 쓸데없다는 느낌을 갖고 있다. 따라서 웅대성이나 특별함의 느낌은 이 열등감에 대한 보상적 방어로 이해할 수 있다.

④ 자율성에 대한 과도한 집착

계급이나 권력에 대한 집착의 저변에도 이들의 낮은 자존감이 자리 잡고 있다. 권위적인 사람들이 자신을 멸시하고 복종을 강요할 것이라는 생각에 언제 어디서나 자신의 자율성이 위협당할 수 있다고 지각하며, 지나치게 자율성과 독립성, 자기결정권이라는 주제에 집착하게 된다. 그리고 자율성 및 자기결정권 확보의 일환으로 계급이나 권력에 대한 집착이 나타날 수도 있다.

⑤ 대상항상성 발달의 실패

편집성 성격장애를 지닌 사람들은 성장 과정에서 애정과 신뢰에 기반을 둔 내적 표상의 형성에 실패했기 때문에 애정적인 관계가 매우 위험하고 불안정한 것이라고 믿게 되어 그러한 관계로부터 완전하게 철수하거나, 혹은 자신만의 환상을 만들어 낸다. 즉, 자신이 믿고 사랑할 수 있는 인간상을 갖지 못하는 것이다. 대상항상성의 문제는 편집성 성격장애에서만 나타나는 특성은 아니지만 위험성 예측, 신뢰감 형성 결여 등을 특징으로 하는 대상표상의 문제는 편집성 성격에서 두드러진다.

(2) 편집증을 유발하는 상황

정신역동적 입장에서는 만족의 주요 원천을 상실하거나 그것이 상실될 위협을 느낄 때, 또는 기본적인 안전감을 상실하거나 그것이 상실될 위협을 느낄 때, 성적 혹은 적대적 추동이 급증하고 갑작스러운 죄책감이 증가할 때, 방어의 일반적인 효율성이 감소할 때 편집증을 비롯한 심리장애가 발생한다고 보았다. 이런 모든 상황에서 편집성 성격장애를 지닌 사람들은 일반인이나 신경증을 지닌 사람보다 더 취약하다. 비교적 건강할 때조차도 편집성 성격장애를 지닌 사람들은 심리적으로 매우 불안정한 상태 속에서 산다. 다시 말해, 심리적 안정을 심각하게 방해하고 부인과 투사 방어를 사용하게 하는 상황은 무엇이든지 편집성 성격장애를 촉진하는 것이다. 그러나 이러한 상황들은 편집성 성격에만 국한된 것이 아니라 보다 폭넓은 정신병적 상태에서도 공통적으로 나타난다.

편집성 반응에 특징적인 심리역동적 촉진 요인으로는 다음과 같은 것이 있다(Cameron, 1963).

- 학대받으리라는 만성적 예상을 적중시킴으로써 보복할 태세를 증가시키게 만드는 상황이나 사건
- 의심과 불신을 증가시킴으로써 기만과 배신에 대한 평소의 예상을 확인해주는 상황이나 사건
- 경계를 강화시키는 동시에 다른 사람들과의 사회적 교류로부터 고립시키는 상황이나 사건
- 시기와 질투를 증가시킴으로써 분개심과 미움, 열등감을 일으키는 상황이나 사건
- 자존감을 낮춤으로써 초자아가 공격받게 하고 격렬한 부인과 투사가 필연적으로 일어나게 하는 상황이나 사건
- 다른 사람들에게서 자신의 결점을 보게 함으로써 불안을 증가시키고 그것을 극복하기 위해 부인과 투사를 더 많이 하게 만드는 상황이나 사건
- 게으름과 고립이 결합하여 타당한 현실 검증을 불가능하게 만드는 상황이나 사건

이러한 요인들이 편집성 반응을 촉진하는데, Cameron (1963)에 따르면 임상적인 편집성 반응의 발병 유형은 다음과 같이 3가지로 구분할 수 있다.

첫째, 갑작스럽고 극적인 장애의 발생이다. 적응적이고 방어적인 체계를 압도하는 갑작스러운 내적 · 외적 위기를 만나는 경우 혹은 적응적 방어체계가 완전히 무너질 때까지 스트레스가 계속 증가하는 경우에 무의식 속의 욕망과 갈등이 전의식이나 의식 세계로 급격하게 분출된다. 이렇게 되면 강력한 부인과 투사 방출에 의해 어느 정도의 자아 통합은 계속 보존할 수 있지만, 그 결과 현실과 모순되는 망상체계를 낳는다.

둘째, 잠복기 후 증상의 갑작스러운 발현이다. 처음에는 부분적인, 혹은 완전한 사회적 회피와 퇴행적 환상으로 스트레스에 반응하고 개인적으로 사물을 이해하고자 한다. 즉, 공격에 대한 핑계가 될 만한 통합된 '설명' 을 찾는 것이다. 그러나 사회적 현실검증력의 결함 때문에 보통 선부르게 결론을 내리고, 그러다가 갑자기 발병하는 것이다.

셋째, 점진적이고 잠행적인 발병이다. 수개월 혹은 수년에 걸쳐 편집성 성격에서 편집성 정신병으로 천천히 진행해가는 유형으로, 결정적인 망상적 위치에 도달하기 전에 희미한 경계선을 몇 번이고 왔다 갔다 한다. 이렇게 진행되면서 점점 더 현실적인 결론에서 벗어나게 되며, 현실은 사고 내에서 점차 망상적 재구성으로 대체된다.

2) 역동적 측면에서 본 임상적 경과

편집성 성격장애를 지닌 사람은 장애가 뚜렷하게 나타나지 않을 때조차도 경계를 한다. 또한 세상을 위험하고 적대적인 것으로 보기 때문에 다른 사람들로부터도 일정한 거리를 유지한다. 이처럼 편집성 성격을 지닌 사람은 만성적으로 위험하고 불안정한 상태에 있기 때문에 마치 외줄 위에서 인생을 살아가고 있는 것 같이 보인다(Cameron, 1963).

불안정한 평형이 위협받을 때 편집성 성격장애를 지닌 사람이 보이는 즉각적인 반응은, 자신의 경계를 높이고 다른 사람들로부터의 심리적 거리를 벌리는 것이다. 또한 투사적 방출을 통해 가능한 한 많은 공격적 에너지를 방출하고, 부인denial을 많이 하며, 자신이 처한 상황을 '설명하고' 모호함을 줄이기 위해 환상을 이용한다. 이러한 조작이 실패하고 긴장이 계속해서 증가하여 한계를 넘어서게 되면 편집성 정신병적 과정이 시작된다.

인지적 입장과 달리 역동적 입장에서는 두려움이나 의심에서 망상으로의 진행을 가능케 하는 것은 추론의 힘이 아니다. 편집성 성격의 추론 논리는 빈약하며, 단지 전진하는 역동적이고 동기적인 힘만이 강하다. 따라서 역동적 입장에서는 이렇게 앞으로 움직이는 저항할 수 없는 힘은 본능적이고 무의식적인 충동에서 나온다고 가정하며, 1장에서 소개한 투사, 부인 등의 방어기제가 중요한 역할을 한다고 본다. ◆

3. 발달적 요인

앞서 살펴본 정신역동 이론에서는 무의식적 역동을 강조했다. 그런데 발달 과정을 강조하는 학자들은 편집성 사고가 성격 특질, 사회 기술, 환경적 사건 간의 복잡한 상호작용의 발달적 결과이며, 이러한 상호작용은 초기의 가족관계로까지 거슬러 올라간다고 보았다.

편집성 성격장애를 지닌 사람은 어린 시절에도 냉담하고 의심과 비밀이 많으며, 고집이 세고 처벌에 쉽게 분개하는 성격 특성을 보인다. 또한 가정의 분위기는 흔히 권위주의적이고 지배적이며 비판적이다. 이들이 느끼는 누군가가 자신을 주시하고 판단하고 있다는 두려움은, 냉담하고 요구가 많으며 변덕스러운 부모 때문인 경우가 많다.

이러한 부적절한 사회화는 다른 사람의 동기와 관점을 이해하는 방법을 배우지 못하게 하여 결과적으로 사소한 일도 의심하게 만든다. 또한 대인관계에서도 적대적이고 지배적인 태도를 보이게 됨으로써 사람들을 떠나가게 만든다. 이러한 사회적 실패는 자존감을 더욱 저하시키고 사회적 고립과 불신을 심화한다.

편집성 성격은 적대감, 피해, 권력, 복종, 나약함, 수치심 등에 관한 내면적 갈등을 겪은 아동에게 생긴다. 이런 초기의 경향은 이후의 발달 과정에서 자부심이 강하고 자기중심적이며 거만한 성격으로 이어지고, 자신의 문제에 대해 다른 사람을 탓하거나 자기 자신에게서는 인식하지 못하는 약점을 다른 사람에게서 찾음으로써 비현실적인 자기상과 통제감을 유지하게 만든다. 이들은 자신의 관점 이외에는 어떠한 다른 입장도 수용하지 못하기 때문에 의심과 과민성을 바로잡지 못하고 그로 인한 많은 문제를 일으키게 된다.

1) 아동기 요인

그렇다면 구체적으로 아동기 발달의 어떤 요인이 성인기의 편집성 성격에 영향을 미치는 것인가? 이 질문에 대한 많은 답이 제기되었지만, 그 전부가 인정받는 것은 아니다. 성인 환자의 아동기를 재구성하는 것은 어려운 문제이며, 동일한 결과에 대해서도 서로 다른 요인이 기여할 수 있다.

이 가운데 학자들 사이에서 일반적인 동의가 이루어진 몇몇 영역이 있다. 편집성 성격장애를 지닌 사람들은 생후 첫 2년 동안 지나친 긴장과 불안으로부터 적절하게 보호받지 못했다는 것이다. 결과적으로 그들은 아동기에 기본적인 신뢰감을 발달시킬 수 없었다.

다른 한편으로, 그들은 자신의 긴장과 분노를 개방적으로 표현하는 것을 허용받아 왔다. 많은 경우에 편집성 성격장애를 지닌 사람들은 자신에게 좀 더 적대적인 부모와 자신을 동일시해온 것으로 간주된다.

흔히 어린아이를 향한 학대는 단지 부모의 무관심, 냉담함, 괴롭히거나 얕보는 것 등이 전부인 것처럼 알려져 있다. 이런 행동은 아이에게 잔혹한 것으로 보인다. 그러나 실제로 이보다 더 잔혹한 경우가 있다. 예를 들어, 어떤 가학적인 어머니는 고의로 아이를 성나게 해서 그 아이가 사나워지게 만들고는 아이가 보이는 격노와 무기력한 폭력을 즐기기도 한다. 이와 같은 상황에서 유아나 어린아이는 지나친 자극을 받고 분노하며 공격적이게 된다. 결국 아이는 자신의 감정을 표현하는 것은 허용받지만, 사랑과 증오의 양가감정을 정상적인 방법으로 경험하거나, 조절 · 표현하지는 못하게 된다.

어떤 부모는 지배와 통제를 통해 아이의 자유를 계속적으로 방해하기도 하는데, 이것은 나중에 더 큰 문제를 만든다.

감시하고, 의심하고, 항상 허락해주지 않는 집안 분위기도 마찬가지다.

이와 같이 아동기 부모 및 주변인과의 상호작용을 중심으로 한 발달적 요인은 편집성 성격의 형성에 중요한데, 최근의 연구 결과(Natsuaki, Cicchetti, & Rogosch, 2009)도 아동기의 학대maltreatment 경험, 또래로부터의 따돌림이나 집단 괴롭힘 경험, 외현화 문제가 청소년기 편집성 성격장애와 관련됨을 보여주었다.

2) 편집성 성격의 발달 과정

일반인조차도 극심하게 불안하고 두렵거나 충격을 받았을 때는 자신이 느끼는 의심 및 공포의 이유를 잘 대지 못한다. 이러한 상황에서 그들의 가장 큰 과제는 자신이 경험한 것의 타당성을 살펴보고 상황을 다른 각도에서 보는 것과, 자신의 결론에 의문을 갖는 것이다. 이때 필요한 것이 다른 사람에 대한 신뢰, 불확실한 상황에서 불안과 긴장감 등의 정서적 흐름에 압도되어 섣부른 행동을 하지 않도록 막는 능력, 스트레스 상황에서 잠시 자신으로부터 떨어져 관찰자의 입장을 취하거나, 심지어는 두려움과 의심의 대상이 되는 사람의 입장을 취하는 능력이다.

불확실성과 모호함에 따른 불안 및 긴장을 참고 관점을 옮기는 능력은 성숙한 성격 발달의 산물이다. 성숙하고 잘 조직화된 성인조차도 정서적 위기를 만나면 이 능력을 잃을 수 있다. 그러한 경우에 유일한 희망은 자신의 두려움과 의심을 정서적으로 그 일에 덜 관여되고 믿을 수 있는 다른 사람과 나누는 것에 있다. 그렇게 되면 자신을 염려해주는 사람과 자신의 불안을 나눔으로써 커다란 안정을 얻고 이를 통해 상황을 좀 더 냉정하고 객관적인 관점으로 바라볼 수 있게 된다.

다른 사람들에 대한 신뢰, 모호함을 잘 견디는 것, 스트레스 상황에서 입장을 바꿔볼 수 있는 능력 등은 바로 편집성 성격에서 결여된 요소다. 그들은 유아기의 신뢰나 자신감을 발달시키지 못해 그 결과로 원초적인 두려움을 극복하지 못했다. 어떤 경우에는 부모의 지속적인 사랑을 전혀 경험해보지 못해서 안정적이고 다정하며 의존할 만한 세계에 대한 개념을 형성하지 못하기도 한다. 간단히 말해서 그들에게는 안전하고 가까운 대인관계를 맺는 데 필요한 행동적 기반이 결여되어 온 것이다.

앞서 살펴본 대로, 편집성 성격장애를 지닌 사람들은 다른 사람들이 자신을 심하게 대하고 속일 것이라는 뿌리 깊은 의심을 지니며, 자신이 부당한 대우를 받고 속고 있다고 느낄 때마다 공격적으로 반응할 태세로 무장하고 있다. 많은 경우에,

그들은 실제로 유아기나 초기 아동기 동안 학대를 당했으며, 그 결과로 자신과 다른 사람들에 대한 가학적 태도를 내면화해 왔다. 이것이 잘 알려진 유아기 과정으로서, 정신분석에서는 이를 '공격자와의 동일시'라고 부른다. 편집성 성격장애를 지닌 사람은 신뢰를 배울 수 없는 환경에서 양육되었기 때문에 항상 경계한다. 다시 말해, 갑작스러운 속임수와 공격을 경계하며 살아가도록 배워온 것이다. ◆

4. 자기 및 타인 표상

연구자들은 이미 오래 전부터 다양한 심리현상과 장애를 자기self 또는 자존감과 관련지어 설명하고 연구해왔다. 편집증과 피해망상의 경우도 자기개념을 유용한 이해의 틀로 강조해 왔다. 정신분석적 입장에서는 편집증을 자기 자신의 정신세계에서 유래한 위협에 대항하여 자기를 방어하려는 시도로 보았다.

앞서 살펴본 것과 같이 Freud(1896, 1911, 1919)는 편집증을 받아들일 수 없는 동성애적 열망을 다루려는 시도동성애의 부인과 투사로 보았다. 또한 Colby(1979)는 피해망상을 자존감에 대한 위협의 지각과 그 위협의 원인을 외적 요인으로 귀인하는 방어적 기제가 결합한 결과로 보았다. Cameron(1963) 역시 편집성 성격장애를 지닌 사람들이 건강한 자존감을 지니지 못하고 심지어 자기 자신을 믿지도 못한다고 했다.

물론 외견상 그들은 자기확신에 차있는 것처럼 보이고, 스스로 자율성과 통제감을 주장한다. 그리고 항상 다른 사람만을 문제 삼는다. 즉, 자신은 인격적으로나 도덕적으로 문제가 없으며, 문제가 되는 것은 다른 사람들의 적대감과 학대, 불공평, 시기심, 이기심이라고 생각하는 것이다.

그러나 편집성 성격장애를 지닌 사람들이 내세우는 이러한 '강력한 자기'는 실제로는 매우 취약하고 '무너지기 쉬운 자기'다. 실제로 많은 경험적 연구에서 편집성 성격을 지닌 사람들은 자기개념이 부정적이고 자존감이 낮으며, 상당 수준의 내면적 우울도 경험하고 있는 것으로 밝혀졌다(이훈진, 1997). 즉, 그들의 피해의식과 다른 사람에 대한 과민성은 상당 부분 자격지심 및 열등감에 기인한 것이다. 그러나 우울증을 지닌 사람이 자책감과 낮은 자신감의 심연에 빠져 있는 것에 비해, 편집성 성격은 이러한 부정적 자기상을 부인하고 투사하며, 모든 부정적인 상황을 다른 사람의 탓으로 돌림으로써 자존감을 보호 · 유지 또는 증진하려 한다는 점이 다르다.

편집성 성격장애를 지닌 사람들의 근본적인 자기상이 매우 부정적인 만큼, 타인에 대한 인식 또한 매우 부정적이다. 앞서 발달 과정과 성격 배경에서도 이미 살펴보았지만, 이들은 어린 시절부터 부모와의 관계를 비롯한 많은 인간관계에서 좌절과 '학대' 를 받았기 때문에 사람들에 대해 매우 부정적인 표상을 가지고 있다. 그러므로 이러한 부정적 인식이 뿌리 깊게 자리 잡고 있고 그것이 세상 모든 사람에게 확대되어 있기 때문에 자신의 문제를 쉽게 다른 사람의 탓으로 돌릴 수 있는 것이다.

또한 주변 사람의 행동과 태도에 예민하기 때문에 모든 주의가 그곳으로 쏠리고, 따라서 자신의 행동이나 심리 과정, 객관적인 상황에 대해서는 주의를 기울이지 않는다. 그래서 결국 모든 것이 다른 사람의 탓이 되는 것이다. 부정적 타인 표상은 편집성 성격장애의 형성에 결정적인 영향을 끼치며, 동시에 지속해서 편집성 성격을 심화시킨다. 이것으로 미루어 볼 때 자기 및 타인 표상에 영향을 미치는 아동기 경험과 부모 및 주변 사람들의 태도는 매우 중요하다. ◆

5. 사회문화적 요인

편집성 성격과 편집증이 나타나는 것은 개인적인 요인에 따른 것만은 아니다. 그 개인이 살고 있는 사회문화적 환경 역시 편집성 성격의 형성에 많은 영향을 미친다. 만약 사회에 불신과 범죄, 사기와 권모술수가 만연해 있다면, 그러한 사회에 살면서 편집성 성격을 형성하는 것은 어찌 보면 당연한 일이다. 오히려 편집성 성격을 지닌 사람이 이와 같은 사회에서 살아남고 적응할 확률이 더 높을 것이다. 이 경우 개인이 문제라기보다는 사회 자체가 문제인 것이다.

이 책의 앞부분에서 진단기준을 논할 때 소개한 것과 같이, 한 개인이 자신이 살고 있는 사회나 문화의 보편적 가치 및 사고에서 벗어나는 경우에만 그 사람을 심리장애로 진단하기 때문에, 사회가 극단적으로 편집증적일 경우에 개인이 편집성 성격을 보인다고 해서 함부로 편집성 성격장애나 피해망상으로 진단할 수는 없다. 더구나 극단적인 편집증 사회가 아니더라도, 실제로 편집성 성격장애로 진단받는 사람들 중에는 많든 적든 피해의식이나 의심을 할 만한 경험을 가진 경우가 많다.

전통적인 가족제도가 무너지고 핵가족화가 진행되면서, 그리고 산업사회가 도래하면서 공동체의식과 '우리'라는 의식은 많이 약화되었다. 조상들이 살던 촌락은 점차 사라지고, 우리는 콘크리트 벽으로 격리된 아파트 숲에서 이웃 주민의 얼굴과 이름도 모른 채 살아가고 있다. 신문지상이나 텔레비전 뉴스에는 매일 살인, 강도, 성폭력, 사기 등 두려움과 위협감을 느끼게 하고 사람을 불신하게 만드는 사건 사고 소식이 끊이질 않는다. 그에 따라 길이나 집 앞에서 마주치는 사람이 선량한 사람인지 혹은 강도나 도둑인지 확신할 길이 없어 불안해진다. 이러한 상황에서는 누구나 피해의식을 가질 수밖에 없다. 단지 문제는 정도의 차이일 뿐이다.

일부 서구권 학자는 우리나라의 문화를 편집성 문화paranoid culture라고 부른다. 그만큼 우리 사회에 신뢰가 부족하다는 것이다. 물론 그 원인은 다양할 것이다. 역사적으로 외세의 침입을 많이 받고 고난 속에서 살아왔기 때문일 수도 있고, 지나치게 가족 중심적이어서 가족 이외의 사람은 잘 믿지 못하는 문화를 형성했기 때문일 수도 있다. 그래서인지 권력도 부富도

가족끼리만 나눠 갖는 경우를 흔히 볼 수 있다. 그나마 피가 섞여야 믿는 것이다. 심지어는 돈이나 권력 앞에서 가족 간의 신뢰마저 무너지는 경우도 있다. 이러한 점에서 편집성 성격, 특히 병리적 편집증을 예방하기 위해서는 우리 사회의 신뢰 회복이 급선무라고 할 수 있다.

6. 종합적 설명

지금까지 편집성 성격장애의 원인을 인지행동 이론, 정신역동 이론, 발달적 요인, 자기 및 타인 표상, 사회문화적 요인을 중심으로 살펴보았다. 그렇지만 실제로 특정 개인이 편집성 성격을 지니게 되는 데는 앞서의 5가지 요인을 포함한 다양한 요인이 함께 작용하며, 그 상대적 비중도 개인마다 다르다. 또한 발달적으로 먼 원인도 있지만, 생활 과정에서 경험하게 되는 다양한 측면이 근접 원인이 되는 경우도 많다. Freeman, Freeman과 Garety(2008)는 사람들이 피해의식과 의심을 갖게 만드는 주요 근접 요인들을 다음의 5가지로 정리했다. ① 스트레스 및 주요 생활 변화대인관계 문제, 재정적 압박, 이사, 가족과의 이별 등, ② 정서불안, 우울, 분노, 죄책감, 수치심, 열등감과 같은 부정적인 정서 경험, ③ 내외부의 사건사람들이 관계된 애매하거나 부정적인 사건, 이상한 지각 경험, 강렬한 정서 및 각성 상태, 약물 등, ④ 내적 · 외적 사건에 대한 해석, 즉 사건을 이해하고 그것에 의미를 부여하는 과정, ⑤ 추론불확실성에 대한 낮은 인내력, 타인 비난, 충분한 근거 없이 결론으로 도약하는 경향, 대안적 설명을 고려하지 못하는 것 등이다. 보통은 이 다섯 요인이 순서대로 작용해 의심과 피해의식으로 발전하는 경우가 많지만, 꼭 순서대로 영향을 미치는 것은 아니다. 피해의식과 편집 성향이 지속되는 데에는 편집 사고가 진실이라고 믿고 사실인 듯 행동하며, 이로 인해 불안을 느끼고 걱정하면서 자신에 대한 통제감을 잃는 것, 그리고 그러한 일이 반복되면서 결국 스스로 주저앉아 우울해하고 절망하는 것이 영향을 미친다.

이 책의 앞부분에서 소개한 대로, Brockington과 Fenigstein 역시 각각 망상과 편집 성향에 대한 종합적 설명을 했는데, Brockington(1991)은 망상의 원인 요인으로 뇌의 기능적 이상, 기질 또는 성격 변인, 자존감 유지애정망상 또는 피해망상의 경우, 정서특히 과대망상 또는 죄업망상의 경우나 환각 등의 비정상적인 지각 경험, 인지적 과부하극도의 각성, 지나친 집중 및 반추 등를 들었고, 유지 요인으로는 사고의 경직성, 망상을 강화하는 환경 요인, 망상이 다른 사람에게 망상 확증적 행동을 하도록 유도하는 악순환 등을 들었다. 한편, 일반인이 보이는 편집 성향에 관심을 가진 Fenigstein(1994)은 편집증의 심리적 원인으로 정신역동적 원인, 발달적 문제, 편집증적 신념체계,

비정상적 지각, 스트레스, 정보처리 편향 등을 들었다. 여기서 발달적 문제는 성격적 소인, 권위주의적이고 지배적인 가족 배경, 부적절한 사회화 등의 요인과 관련된다.

지금까지 살펴본 것과 같이, 편집성 성격의 원인은 다양하며 다양한 요인의 상호작용을 통해 피해의식을 형성·유지·강화한다. 따라서 하나의 틀로 모든 개인을 이해하려고 시도하기보다는 다양한 원인을 고려하되 개인별 특성을 중심으로 이해하고 치료해야 할 것이다. ◆

3 편집성 성격장애를 어떻게 치료할 것인가

1. 생각 바꾸기
2. 내적 갈등의 해결
3. 나를 사랑하고 존중하기
4. 믿고 사는 사회 만들기
5. 자기관리를 위한 지침
6. 가족과 동료를 위한 지침

일반적으로 편집성 성격장애의 경우 약물치료는 효과가 없는 것으로 알려져 있다(Carroll, 2012). 다른 성격장애들도 대부분 그렇다. 물론 우울증, 불안 등 편집성 성격장애에 동반되는 다른 증상을 관리하기 위해 약물치료가 선택 사항이 될 수는 있으나, 편집성 성격 자체를 약물로 변화시키는 것은 어렵다. 그러므로 여기서는 심리치료적 접근을 중심으로 편집성 성격장애의 수정 및 치료 방법을 소개하고자 한다.

편집성 성격장애의 치료는 심리치료든 약물치료든 극히 어려운 것으로 알려져온 만큼, 그 치료 노력도 미진하고 치료 성과에 대한 연구 또한 별로 찾아볼 수 없다. 편집성 성격장애의 치료가 어려운 이유 중 하나는, 편집성 성격장애를 가진 사람들은 치료받는 것 자체가 자신이 혐오하는 연약함과 의존성을 의미한다고 믿으며, 거만스럽게 치료자를 위협하고 화를 내다가 치료를 그만두어 버리는 경우가 많기 때문이다. 그러나 최근 심리학자를 중심으로, 인지행동치료를 적용한 편집성 성격장애 및 피해망상에 대한 치료가 활발히 시도되고 있으며, 그 치료 성과 또한 상당히 만족스러운 것으로 보고되고 있다. 인지행동치료 이외에도 도식치료schema therapy, 수용 및 전념 치료acceptance & commitment therapy 등 다양한 접근이 시도되고 있는데, 어떤 접근을 사용하든 편집성 성격장애에 치료적으로 접근하는 데는 공통적인 유의점이 있다. 가장 중요한 것은 천천히 신뢰를 쌓아가고, 환자에 대해 '조용하고, 정중하고, 솔직한 존중' 을 유지하며, 그들이 예상하는 업신여김이나 냉대 없이도 그들의 불안을 다른 사람과 나눌 수 있다는 것을 점차 인식시켜야 한다는 것이다. 이러한 신뢰가 쌓인 후에야 다른 방법행동적 · 인지적 · 정신분석적 치료 기법을 사용할 수 있다. ◆

1. 생각 바꾸기

인지행동치료는 편집성 성격에 대한 가장 각광받는 치료 방법 중 하나다. 인지행동치료는 처음에는 우울증의 대표적인 치료 방법으로 소개되기 시작했으나 현재는 불안장애, 공황장애, 외상 후 스트레스장애, 강박장애, 성기능장애, 식사섭식장애, 수면장애, 성격장애 등 거의 모든 심리장애에 성공적으로 적용되고 있으며, 심지어 심리치료가 거의 불가능하다고 간주되었던 정신분열증이나 망상장애 등 정신병적 장애에까지 널리 활용되고 있다. 최근 무수하게 쏟아져 나오는 인지치료 관련 서적과 논문들이 이런 추세를 잘 반영해주고 있다.

여기서는 편집성 성격에 대한 선구적인 몇 가지 인지행동치료를 소개할 것이다. 이 접근들 중 일부는 2장에서도 간략히 소개한 바 있다.

1) Colby의 인지행동치료

Colby 등(1979)은 컴퓨터 모델에 기초해서, 스스로를 부적절하고 불충분하다고 보는 내담자의 신념에 도전하는 것, 부적절성의 증거로 받아들이는 사건의 범위를 제한하는 것, 내담자가 고통의 원천을 외부로 돌리지 못하게 하는 것 등에 초점을 맞춰야 편집성 성격장애 치료에서 가장 큰 효과를 얻을 수 있다고 제안했다. 편집성 성격을 가진 사람의 의심과 주장에 직접적으로 도전하는 것은 어려울 뿐 아니라 비효과적이다. 그렇게 하는 것이 장애를 일으키는 근본 원인에는 별다른 영향을 미치지 않기 때문이다. 앞선 Colby의 제안은 컴퓨터 시뮬레이션에 기초한 것이며 임상적으로 타당화되지는 않았다는 점에서 한계가 있지만, 편집성 성격에 대한 인지적 접근의 기초와 방향을 제시했다는 점에서 공헌한 바가 크다.

2) Turkat의 행동치료

Turkat(1985)은 편집성 성격장애에 대한 일반적인 설명보다는 이 장애를 지닌 구체적인 사례에 대한 상세한 논의를 제공하였다. 그가 제시한 한 사례에서 나타난 내담자의 문제는 자신에 대한 다른 사람의 평가에 과도하게 민감하고, 다른 사람에게 수용되는 데 필요한 사회적 기술이 부족하다는 것이었다. 내담자는 자기영속적 순환에 빠져서 타인의 의견을 염려하고 그들의 인정을 얻거나 반대를 피하고자 노력하면서도 결국은 비판만 받는 결과를 가져왔다. 이로 인해 내담자는 사회적 활동을 회피하고 자신이 잘못 대우받는 것에 대해 반추하였다. 다른 사람들이 자신을 핍박한다는 생각은 반복되는 실패에 대한 합리화였다. Turkat은 이러한 개념화에 기초하여 다른 사람의 평가에 관한 내담자의 불안을 줄이고 사회적 기술을 가장 적절하게 향상시키는 데 초점을 맞춘 치료를 계획하였다.

치료자는 내담자와의 상호작용에 특별한 주의를 기울이고, 주요 성격 특질에 대한 잠정적인 가설에 기초해서 내담자의 모든 말, 몸짓, 행동, 표현 등을 기록한다. 이 가설에 기초해서 아직 관찰되지 않은 행동과 증상을 예측할 수 있는데, 치료자는 증상에 대한 완전한 목록을 얻을 때까지 이 행동과 증상에 대해 되풀이해서 질문하고, 이 자료에 기초하여 증상의 핵심 기제에 관한 가설을 다시 세운다. 이때 증상의 원인과 내담자의 향후 행동에 대한 예언도 가설에 포함된다. 문제행동은 광범위하게 분석되며 소인적 요인이 모두 고려된다. 그리고 이런 모든 정보에 기초해 개인적이고 구체적이며 잘 맞추어진 치료 프로그램을 형성한다. 이와 같은 광범위한 사례 분석이

Turkat의 행동치료의 특성이라고 할 수 있다.

3) Beck의 인지치료

인지치료의 선구자인 Beck(Beck et al., 2004)의 치료적 접근은 Colby나 Turkat과는 약간 다르다. 개인이 지니고 있는 역기능적 신념이 이 장애의 기반이라고 가정하며, 치료적 개입의 목표는 이를 수정하는 것이다. 그러나 이 과정은 그리 간단하지가 않다. 상호작용에 대한 내담자의 경계심과 편집성 태도가 그러한 가정을 확인시켜주는 경험을 계속 만들어내기 때문이다. 내담자가 경계와 방어를 조금만 늦추게 할 수 있다면 그 가정들을 수정하는 것은 좀 더 쉬워진다. 그러나 그 자신은 다른 사람들이 악한 의도를 가지고 있다고 확신하고 있는데 어떻게 경계를 늦추게 할 수 있는가? 여기서 Beck이 중요시하는 것이 바로 자기효능감이다. 앞서도 설명했지만, 자기효능감이란 특정한 과제 혹은 상황을 해결하거나 극복할 수 있다는 일종의 자신감이다.

Beck 등(2004)에 따르면, 편집성 성격장애를 지닌 개인의 강한 경계와 방어는 지속적인 경계와 방어가 자신을 안전하게 하는 데 반드시 필요하다는 신념에 따라 생겨난 것이다. 문제를 다룰 수 있다는 자신감이 생길 때까지 내담자의 자기효능감을 증가시킬 수 있다면, 내담자의 강한 경계와 방어는 덜 필수적이게 될 것이고 좀 더 이완될 수 있을 것이다. 이것은 내담자의 증상의 강도를 실질적으로 감소시키고, 내담자가 인지치료 기법을 통해 자신의 인지를 보다 쉽게 말할 수 있게 할 것이며, 대인 간 갈등을 다루는 데 있어서 대안적인 방법을 시도해보도록 설득할 수 있을 것이다.

따라서 편집성 성격장애의 인지치료에서 일차적 전략은 내담자의 자동적 사고, 대인 간 행동, 기본 가정을 수정하려고 하기 전에 자기효능감을 증가시키는 것이다. 그리고 그보다 먼저 할 일은 내담자와 치료자가 신뢰 및 협력의 관계를 확립하는 것이다.

(1) 편집성 성격장애를 지닌 내담자와 협력관계 만들기

편집성 성격장애의 인지치료에서 첫 번째 문제는 도움이 되는 관계를 만드는 것이다. 신뢰 및 협력의 관계를 형성하는 것은 다른 사람을 악의적이고 기만적으로 보는 편집성 성격장애를 지닌 사람들에게는 매우 어려운 일인데, 가장 효과적인 접근은 일단 내담자에게서 불신이 보였을 때 치료자가 그것을 개방적으로 받아들이고, 치료자를 당장 신뢰하라고 압박하기보다는 행동을 통해 치료자 자신의 신뢰성을 점차적으로 보여주는 것이다. "나를 믿는 게 안전한지 아닌지 확신하기 힘드

시죠? 지금 당장 나를 믿고 따르라고 말하지는 않겠습니다. 시간을 두고 내가 얼마나 나의 말을 지키는지 또 믿을 만한지 지켜보십시오. 말보다는 행동을 신뢰하는 게 훨씬 더 쉽고 적절한 방법이니까요"라고 말해줄 수 있다(Beck et al., 2004).

편집성 성격장애를 지닌 사람들과 신뢰를 형성하는 데는 시간이 걸린다는 것을 명심하고, 충분한 신뢰가 형성되기 전까지는 내담자에게 민감한 생각이나 감정을 말하라고 다그쳐서는 안 된다. 역기능적 사고 기록과 같은 전형적인 인지적 기법은 내담자가 기꺼이 동조하고 자기공개를 많이 해야 가능하기 때문에, 행동적 개입을 통해 다룰 수 있는 문제들을 치료의 첫 번째 초점으로 선택하는 것이 좋다.

협력은 인지치료에서 항상 중요하지만, 편집성 성격장애 인지치료에서는 특별히 더 중요하다. 편집성 성격장애를 지닌 내담자는 자신을 괴롭히는 사람들에 대해 호소하기 위해 상담이나 전문가를 찾을 뿐, 자신의 편집증을 치료에서 다루어야 할 문제로 내놓지 않기 때문에 우선은 내담자가 설정한 목표를 이해하고 그것을 성취하기 위해 노력하는 데 초점을 맞추는 것이 중요하다. 어떤 치료자들은 내담자의 스트레스나 결혼 문제 같은 것을 다루다가 '진짜 문제'인 편집증을 놓쳐 버릴까 봐 걱정한다. 하지만 내담자의 목표를 따라가는 문제해결 접근을 사용하면 내담자의 편집증이 다른 문제에 영향을 미치는 방식이 곧 분명하게 드러난다. 이것은 내담자가 자신의 불신이나 취약성을 치료 장면에서 협동적으로 다루도록 만든다. 왜냐하면 그렇게 하는 것이 내담자 자신의 치료 목표를 이루는 데 있어서 중요한 단계가 되기 때문이다.

치료자에게는 전혀 위협적이지 않은 표면적 주제도 내담자에게는 매우 스트레스가 될 수 있다. 단순히 치료에 참여하는 것만으로도 내담자에게는 자기공개, 약점에 대한 인식, 타인에 대한 신뢰 등을 요구받는 매우 위험한 것이 되기 때문이다. 이러한 스트레스는 초기에 가장 덜 민감한 주제에 초점을 맞추거나 행동적 개입으로 시작하거나, 간접적인 토론을 함으로써 어느 정도 줄일 수 있다. 치료에서 내담자의 편안함을 증가시킬 수 있는 더 효과적인 방법은 내담자에게 연습과제나 치료 계획 같은 데서의 통제권을 더 많이 주는 것이다. 그래서 일단 내담자가 편안해지고 치료자와의 협력적 관계가 이루어지면 보다 직접적인 문제 해결적 개입을 할 수 있다.

(2) 인지행동적 개입

앞서도 살펴본 것과 같이, 협력적 관계를 만드는 것에서 치료의 초기 목표를 달성하는 것으로 치료의 초점이 바뀔 때 가장 중요한 것은, 문제 상황과 관련된 내담자의 자기효능감을 증가시키는 데 특별한 주의를 기울이는 것이다(Beck et al.,

2004). 즉, 발생한 문제에 대처할 수 있다는 내담자의 확신을 증가시켜주는 것이다. 여기에는 2가지 방법이 있다. 첫째, 내담자가 실제로는 그 상황을 다룰 수 있는데도 위협을 과대평가하거나 자신의 능력을 과소평가한다면, 자신의 대처 능력에 대한 좀 더 실제적인 평가를 하게 하는 것이다. 둘째, 내담자가 그 상황을 다룰 수 없다면, 자신의 대처 기술을 향상시킴으로써 자기효능감이 증가하게 만들어줄 수 있다. 하지만 실제로는 두 접근을 적절히 조합하여 사용하는 것이 가장 좋다. 또한 치료자가 내담자의 편집성 사고에 직접적으로 도전하는 것은 비효과적이므로, 내담자가 스스로 위험하다고 지각한 상황을 재평가하고 그 상황에 대처하는 그 자신의 능력을 재평가해볼 수 있게 도와주는 것이 가장 효과적이다.

자기효능감이 어느 정도 증가했는데도 여전히 경계를 늦추지 않는 경우가 있다. 그것은 자신이 경계하지 않고 있으면 자신의 대처 능력이 떨어진다고 생각하기 때문이다. 그런 사람은 능력에 대한 엄격한 기준을 가지고 있고, 능력을 이분법적인 흑백논리로 보는 사람일 수 있는데, 그런 경우에는 내담자의 능력에 대한 관점을 재평가하기 위해 '연속성 기법'continuum technique을 사용할 수 있다. 이것은 자신에 대해 능력과 무능력이라는 두 극단으로 규정짓는 것을 막기 위해 척도를 사용하여 둘 사이의 연속선상에서 자신의 능력을 평가하게 하는 방법이다.

예를 들면, 자신의 여러 능력 차원 각각에 대해 0에서 10까지 점수로 표기하거나 자신의 성공 또는 실패의 정도를 0~100%로 평정하게 한다. 만약 내담자가 100% 실패했다고 주장한다면, "지금까지 살아오면서 아주 작은 일이라도 성공하거나 잘한 것이 있는지 찾아보자"고 해서 성공 경험을 유도한 후 다시 평정하게 한다. 작든 크든 성공 경험은 일부라도 있게 마련이므로 이 작업 후에는 100%가 아닌 그 이하로 평정하게 되는데, 이 절차를 이용해 내담자가 흑백논리로 모든 걸 생각해 왔음을 인식하게 할 수 있다.

이렇게 해서 자기효능감이 증가하면 내담자는 덜 방어적이 되고, 따라서 자신의 생각과 감정을 더 잘 공개하고 자신의 신념과 가정을 비판적으로 보게 되며, 문제 상황에서 새로운 접근을 시도해보게 된다. 이렇게 되면 더 효과적인 인지적 기법을 사용할 수 있다.

특히 효과적인 또 다른 개입은 신뢰성에 대한 이분법적 관점에 도전하기 위해 연속성 기법을 사용하는 것이다. 비록 하찮은 일이라도 상대방이 믿은 대로 잘 이행하는지에 주목함으로써 그가 신뢰할 만한 사람인지 아닌지를 알 수 있다는 사실을 내담자에게 심어줄 수 있다. 이렇게 하면 내담자는 작은 것을 통해 가까운 사람들을 신뢰하고, 그들의 행동을 지켜봄으로써 다른 사람의 의도에 대한 자신의 부정적 관점을 점차 검증해볼 수 있게 된다.

다른 사람을 악의적으로 보는 내담자의 지각을 검증할 때, 치료자는 내담자의 견해가 왜곡된 것임에 틀림없다고 단정 짓지 않아야 한다. 편집성 성격장애를 지닌 사람들은 실제로 소외당하고 있거나 악의적인 사람들이 주변에 있는 경우가 흔히 있다. 목표는 내담자가 일반적으로 믿어도 되는 사람과 어느 정도만 믿을 수 있는 사람, 그리고 믿지 못할 사람을 구별할 수 있게 하는 것이다.

일차적으로는 인지적으로 개입하면서 동시에 내담자의 역기능적 대인 간 상호작용을 수정하기 위한 작업을 하는 것이 필요하다. 그렇게 해야 내담자가 다른 사람에게 적대적 반응을 일으켜서 자신의 편집성 견해를 확신하게 되는 악순환에 빠지지 않게 할 수 있다. 이때 올바른 생각을 방해하는 인지를 확인하는 것이 중요하다. 예를 들면, '그건 더 이상 소용이 없어' '그들은 내가 원하는 것을 알게 되면 그걸 이용해 먹을 거야' 등의 생각이다. 주장 훈련을 통해 주장성과 분명한 의사소통을 하는 기술을 향상시키는 것 또한 중요하다. 이런 것들을 통해 내담자가 주변 사람들과 관계가 좋아졌을 때, 자신의 이전 상호작용이 어떻게 다른 사람들에게 적대감을 불러일으켰는지 깨닫도록 도와줄 수 있다.

치료 종결에 즈음해서는 다른 사람들의 관점을 이해하고 그들에게 공감하는 능력을 증가시킴으로써 사람들에 대한 내담자의 새로운 관점과 새로운 대인관계 기술을 잘 조율할 수 있다. 이것은 내담자가 자신의 행동이 다른 사람에게 미치는 영향을 예상해보고, 서로 입장이 바뀐다면 어떤 느낌일지 생각해보고, 다른 사람들의 행동을 통해 그들의 생각과 느낌을 추론해보며, 그것과 다른 자료들이 일치하는지 검증해 봄으로써 이루어질 수 있다. 처음에는 어렵지만, 계속해서 치료자나 다른 사람에게 피드백을 받으면 이런 능력이 차츰 증가하게 된다.

Beck의 접근은 Colby나 Turkat이 제안한 것과 크게 다르지는 않지만, 몇 가지 특이할 만한 점이 있다. 그것은 치료자-내담자 관계를 발전시키는 데 주의를 기울인다는 것, 치료 초기에 내담자의 자기효능감을 증가시키는 것에 대해 강조한다는 것, 치료 후기에 남아 있는 내담자의 편집성 신념에 직접적으로 도전하기 위해서 인지적 기법과 행동적 실험을 사용한다는 것 등이다. 자기효능감과 자존감의 향상은 경계의 필요성을 감소시킴으로써 다른 치료 개입을 촉진하고 편집성 증상에서의 향상을 가져온다.

편집성 성격장애의 인지치료(Beck et al., 2004)에서 권장하는 개입은 내담자의 자기효능감 증진시키기, 대인 간 문제와 불안에 대한 대처 기술 향상시키기, 다른 사람들의 의도와 행동에 대한 좀 더 현실적인 지각 발달시키기로 요약할 수 있다.

4) Young의 도식치료

임상심리학자인 Jeffrey Young은 인지치료와 대상관계치료, 게슈탈트치료, 구성주의치료 및 정신분석을 종합한 도식치료schema therapy를 소개했다. 1999년에는 도식에 초점을 둔 성격장애의 도식치료를 소개했고(Young, 1999), 2003년에는 도식치료에 대한 전문가 지침서를 출간했다(Young, Klosko, & Weishaar, 2003). 도식치료에서 가장 초점을 두는 것은 도식schema으로서, 이것은 성장 과정에서 형성된 사고 및 행동 패턴을 말한다. 도식의 형성 과정에는 초기 아동기 경험, 타고난 기질, 문화적 배경이 영향을 준다. 우선 초기 아동기 경험 중 중요한 것은 핵심 욕구의 좌절 경험인데, 핵심 욕구란 ① 타인과의 안정 애착안전감, 안정감, 돌봄, 수용 포함, ② 자율성, 유능감, 정체감, ③ 욕구와 감정을 표현하는 자유, ④ 자발성과 유희, ⑤ 현실적 한계 및 자기통제책임감, 자제력, 자기수양 포함를 말한다. Young은 타인 존중을 장려하는 양육을 통해 현실적 제약 내에서 기능하고 다른 사람의 욕구를 고려하도록 배우는 것이 중요하다고 하였다.

Young은 다양한 정신병리의 원인으로 초기부적응 도식early maladaptive schema을 가정하는데, 이는 어린 시절 형성되어 생애에 걸쳐 지속되는 자기패배적 양식의 도식을 말한다. 초기 부적응 도식은 5가지 영역에 해당하는 18가지 도식으로 분류되는데, 단절 및 거절 영역유기/불인정, 불신/학대, 정서적 결핍, 결함/수치심, 사회적 고립/소외, 손상된 자율성 및 손상된 수행 영역의존/무능감, 위험/질병에 대한 취약성, 융합/미발달된 자기, 실패, 손상된 한계 영역특권의식/과대성, 부족한 자기통제/자기수양, 타인 지향성 영역복종, 자기희생, 승인추구/인정추구, 과잉경계 및 억제 영역부정성/비관주의, 정서적 억제, 엄격한 기준/과잉비판, 처벌이다. 이 중 편집성 성격과 밀접한 관련이 있는 대표적인 초기 부적응 도식은 단절 및 거절 영역의 불신 도식이다.

이러한 초기 부적응 도식은 한번 형성되면 변화하기 힘든데, 그 이유는 논리를 기반으로 저장되기보다는 뇌의 정서 영역인 편도체에 저장되고, 언어가 발달하기 전에 형성되기도 하며, 안전함과 예측가능성을 제공해 편안하고 익숙한 느낌을 갖게 하기 때문이다. 또한 도식이 활성화될 때 몇 가지 대처양식을 통해 정서적 고통을 피함으로써 도식을 강화하기 때문이기도 한데, Young은 이런 대처 양식을 3가지로 구분했다. 첫 번째는 도식 굴복schema surrender으로, 도식을 유지할 수 있는 상황이나 행동에 머무는 것을 말한다. 두 번째는 도식

회피schema avoidance로, 도식을 촉발하는 상황을 회피하거나 그 상황에서 심리적으로 자신을 제거하는 것이다. 그리고 세 번째는 도식 과잉보상schema overcompenstion인데, 과도하게 도식과 반대로 행동하는 것을 말한다(Young et al., 2003). 이 3가지 대처양식은 정신분석의 방어기제와도 유사하다.

도식치료에서는 부정적 사고 · 감정 · 행동을 지속시키는 이러한 부적응적 대처양식을 깨도록 하고 핵심 욕구를 찾도록 하는데, 도식치료의 주요 목표는 다음과 같다. 즉, 내담자 문제를 지속시키는 초기 부적응 도식을 확인하고 그것이 일상생활에서 어떻게 작용하는지 확인하기, 역기능적 신념을 수정해 대안적 신념 수립하기, 부적응적 생활패턴을 다루기 쉬운 단계로 나누고 도식을 유지시키는 대처양식을 단계별로 변화시키기, 적응적 사고와 건강한 정서를 만들어 내는 기술과 경험 제공하기, 내담자에게 권능을 부여하고empowering 정서적 욕구를 타당화해주기다.

치료 절차를 요약하면, 치료 관계를 활용해 교정적 정서경험corrective emotional experience을 제공하고, 심상과 역할 연습초기 양육자와 상상적 대화하기, 가상적 논쟁하기, 편지쓰기 등, 공감적 현실검증 등의 절차를 활용한다. 도식치료의 효과와 관련해서 Carroll(2012)은 도식치료가 역동심리치료, Beck의 인지치료와 더불어 권장되는 편집성 성격장애 치료법이라고 보았다.

또한 도식치료가 성격장애에 특화된 내담자 중심치료인 명료화-지향 심리치료clarification oriented psychotherapy 및 일반적인 지지치료보다 편집성 성격장애를 포함한 광범위한 성격장애 회피성, 강박성, 의존성, 연극성, 자기애성 등에 더 효과적이라는 연구 보고도 있다(Bamelis, Evers, Spinhoven, & Arntz, 2014).

5) 명상 및 수용기반 치료

최근 심리치료 분야에서는 전통적인 동양의 심신 수양법을 심리치료와 접목하는 경향이 두드러지고 있고, 그 효과가 지속해서 보고되고 있다. 특히 명상이나 요가 같은 수련을 통한 자각에 초점을 두며, 불안, 반추, 걱정 등 사적 경험에 대한 비판단적 수용을 강조한다. 명상은 대뇌반구의 활성화 비율을 변화시키고 감정 통제를 더 효율적으로 할 수 있게 할 뿐 아니라, 면역기능을 강화하며, 심리적 건강뿐 아니라 신체 건강에도 효과가 있는 것으로 알려져 있다. 즉, 행동적 연습을 통해 신경계와 면역계 등의 신체 변화까지 가능하게 만들 수도 있다는 것이다(장현갑, 2004).

명상과 비판단적 수용을 심리치료에 적용한 대표적인 접근은 1979년부터 마음챙김 명상을 활용하기 시작한 John Kabat-Zinn(1990)의 마음챙김 명상에 기초한 스트레스 감소

mindfulness-based stress reduction: MBSR 프로그램을 필두로, Segal, Williams와 Teasdale(2002)의 마음챙김 명상에 기초한 인지치료mindfulness-based cognitive therapy: MBCT, Linehan(1993)의 변증법적 행동치료dialectical behavior therapy: DBT, Hayes 등(1999, 2004)의 수용 및 전념 치료acceptance and commitment therapy: ACT, Frisch(2006)의 삶의 질 치료quality of life therapy 등이 있으며, 마음챙김 명상통찰 명상 또는 위빠사나 명상에 기초한 치료법 서적과 그 효과를 연구한 경험적 연구 논문의 수 역시 폭발적으로 증가하고 있다.

이러한 치료법은 성격장애 치료에도 점차 적용되고 있는데, 수용 및 전념 치료와 도식치료를 결합해 대인관계 문제를 치료하도록 안내한 McKay, Lev와 Skeen(2012)의 치료가 있고, 특히 편집성 성격장애 치료에 활용할 수 있는 치료적 접근으로는 ACT와 인지행동치료를 결합한 정서처리 및 상위인지적 자각emotional processing and metacognitive awareness (Hepworth, Startup, & Freeman, 2013) 치료가 있다. 이 치료법에서는 정서적 억제와 상위인지적 자각, 수용의 순으로 치료를 진행한다. 우선, 정서적 억제 단계에서는 피해망상이나 편집 성향에 따른 고통사고, 심상, 감각을 포함함을 상세히 언어화하여 표현하도록 장려하고, 이때 평가하기보다는 비판단적으로 체험하도록 유도해 정서경험에 접근하도록 한다. 또한 게

슈탈트 기법을 활용해 사고에서 거리를 두도록 훈련함으로써 언어처리를 줄이기 위해 시도한다. 또한 상위인지적 자각 단계에서 상위인지적 통찰을 강화해 편집 사고가 사실이 아닌 단순한 생각임을 인식하도록 하고, 사고, 감정, 감각, 심상, 기억에 이름을 붙여 기록하는 과정을 통해 탈중심화 조망을 갖도록 한다. 마지막으로 수용 단계에서는 비판단적 알아채기를 훈련한다. 이 외에도 Montes, Álvarez와 Garcelán(2013)은 수용 및 전념 치료를 활용해 망상까지 수정을 시도했다. 이들은 망상을 적극적 형태의 체험회피experiential avoidance로 개념화한 후, 창조적 절망감, 가치 명료화 및 강화, 통제감 강화, 언어로부터 거리 두기, 초월적 자기감transcendential sense of self, 자발성willingness 개발 등의 절차를 통해 망상 수정을 시도했고, 성공적 사례를 보고하였다. 따라서 앞으로는 편집성 성격장애 치료에 명상과 수용, 인지치료 및 도식치료를 결합한 통합적 치료를 더욱 활발하게 시도할 것으로 보인다. ◈

2. 내적 갈등의 해결

편집성 성격의 원인에 대한 설명에서 살펴본 대로, 전통적인 정신분석 이론에서는 편집증을 받아들일 수 없는 동성애적 욕망을 부인하고 투사한 결과로 설명한다. 그러나 이후의 경험적 연구에서 동성애적 욕망에 대한 가정은 입증되지 않았고, Freud 이후의 정신역동 이론가들은 동성애적 욕망보다는 대상관계와 자기가치감 등 다른 역동적 변인을 강조하였다. 편집증에 있어 부인과 투사라는 심리 과정이 핵심 역할을 한다는 것은 여전히 많은 사람이 인정하고 있는 사실이긴 하지만, 무엇을 부인하고 투사하는 것인지가 문제다. 최근에는 자존감에 대한 위협을 지각하고 그 내재적 원인을 부인하며, 다른 사람을 탓하는 경향에 초점을 두어 정신역동적 치료를 진행하고 있다.

편집성 성격장애를 지닌 내담자는 치료자를 자신을 박해하는 나쁜 사람으로 인식하고 대할 수 있다. 치료자가 이런 내담자의 태도에 대해 방어적이 되고 내담자의 투사를 다시 내담자에게 되돌리는 방식의 해석을 시도한다면, 내담자는 자기가 공격받고 오해받고 기만당했다고 느낄 것이다. 이러한 악순환을 피하려면 치료자는 내담자가 정서적 생존의 수단으로 투사를 사용한다는 점에 공감해야 한다. 치료자는 미움과 악함, 무기력, 절망의 감정을 기꺼이 수용해야만 한다. 이런 감정을 미성숙한 방식으로 바꾸려는 시도는 오히려 내담자의 내적 긴장을 증가시켜 더 완고해지게 만든다. 치료자는 심지어 치료자로서의 능력이 부족하다는 내담자의 지적까지도 받아들여야 한다. 따라서 치료적 동맹을 형성하는 초기 단계에서 치료자는 방어적으로 반응하는 것을 피해야 한다. 치료자는 내담자의 생각이나 치료자에 대한 지각 등이 아무리 부정적이더라도 그것에 도전해서는 안 되며, 단지 좀 더 상세한 것을 묻고 내담자의 감정과 지각에 공감해야 한다. 무엇보다도 미성숙한 해석을 통해 부정적인 투사를 내담자에게 되돌리려 하는 역전이 경향을 피해야 한다.

대부분의 치료자는 치료에 실패했다는 것에 대한 책임을 받아들이는 데 강한 저항을 보인다. 그러나 내담자의 낮은 자존감이 다른 사람의 흠을 찾아내게 한다는 사실을 인식함으로써 치료자는 내담자의 견해에 공감할 수 있고, 보다 생산적인 치료가 되도록 솔직하게 조언을 구할 수 있다. 치료자의 방어적인 태도는 오히려 치료자가 무언가를 숨기고 있다고 오해하게 할 소지를 만든다. 따라서 편집성 성격장애를 지닌 내담자에게는 개방과 진솔함이 최고의 정책이다.

편집성 성격장애를 지닌 내담자에 대한 정신역동적 심리치료의 전체 목표는 문제의 원인이 외부에 있지 않고 내담자 자신의 내부에 있음을 인식시키는 것이다. 내담자가 자신을 좀 더 개방함에 따라 치료자는 내담자의 감정이 어떤 것인지 말해주고, 내담자가 정서와 현실을 구분할 수 있게 도와줄 수 있다. 전체 치료 과정에서 치료자는 내담자의 감정을 포용해야 한다. 이로써 내담자에게 새로운 대상관계를 제공할 수 있고, 내담자는 시간이 지남에 따라 이것을 내면화할 수 있다.

이러한 변화된 관계 모델은 점차 생각과 신념에 변화를 가져온다. 이렇게 되면 편집증적 경향은 줄어들고 내면의 우울이 드러나게 되는데, 편집증에서 우울증으로 옮겨가면서 그들은 진정한 자신을 느끼기 시작하고 자기감을 경험하기 시작한다. 이처럼 자신의 무가치감과 열등감을 인식하게 되면, 내담자를 우울하게 만든 내면적 갈등이 치료자에게 전이[3]되고

3 전이(transference)란 과거의 의미 있는 대상(특히 부모)과의 관계에서 일어났던 무의식적 소망, 기대, 좌절 등이 현재의 대상(치료자)과의 관계에서 활성화하여 반복 · 경험되는 현상이다. 정신분석에

훈습[4]될 수 있다.

앞서 얘기한 대로, 정신역동적 치료에서는 내적 갈등의 해결을 통해 자신의 외부에서 문제의 원인을 찾기보다 내부의 원인을 자각하게 하고, 자신의 지식과 신념에 허점이 있다는 사실을 스스로 인식할 수 있게 돕는다. 이 목표는 정신역동적 치료뿐만 아니라 편집성 성격에 대한 모든 치료에서도 공통 목표가 된다. 그러나 이는 반드시 전략적이고 중립적으로 이루어져야 하며, 내담자의 세상에 대한 관점에 전면적으로 도전하는 것은 금물이다.

편집성 성격장애를 지닌 내담자에게 새로운 대상관계 인간관계 경험을 제공하는 것도 중요한 정신역동적 치료 목표다. 치료자와의 관계는 지금까지 내담자가 경험해 온 다른 사람과의 관계와는 다른 새로운 경험이다. 이는 장기간의 치료를 통해서 내담자에게 안정적으로 내재화될 수 있으며, 점차 사고의 변환을 가져올 수도 있다. 치료자와의 만남이 적절한 환경에서 주어진다면 내담자는 생애 초기에 사람들에게서 맛보았던

서는 무의식적 갈등을 현재의 치료 장면으로 끌어내어 다루기 위해 전이가 필요하다고 본다.

4 훈습(working through)이란 환자의 전이에 대한 치료자의 해석이 점진적으로 이루어지고, 환자가 서서히 그것을 인식해가면서 치료가 이루어지는 정신분석 과정으로, 대부분 상당히 긴 치료 기간을 요하는 과정이다.

좌절과 실망에 연유한 인정, 사랑, 친밀감을 향한 동경을 드러낼 수 있으며, 결과적으로 자신이 애착을 가졌던 대상에 대한 애도의 과정, 즉 고통스러운 마음을 해소하고 정리하는 시간을 가질 수 있다.

정신역동적 치료의 또 다른 목적은 자신의 지각에 대한 창조적 의심을 발달시키는 것이다. 내담자는 점차 자신의 신념과 경험이 실제가 아닌 일종의 꾸며진 환상이라는 것을 인식하게 된다. 이로써 자신의 열등감과 무가치감을 보다 오래 바라볼 수 있게 되며, 이를 통해 전이 상황에서 겪는 우울을 극복할 수 있게 된다. ◆

3. 나를 사랑하고 존중하기

앞서 1장과 2장에서도 살펴보았듯이, 편집성 성격의 핵심 원인 중 하나는 낮은 자존감과 열등감이다. 편집성 성격장애를 지닌 사람들이 외현적으로 주장하는 자부심은 방어의 결과이며, 그들의 실제 자존감은 낮고 자기개념도 부정적이다. 따라서 자존감을 높이고 자기개념을 긍정적으로 증진시키는 것은 편집성 성격 치료의 핵심 과정이다. 즉, 치료 초기에 자기효능감을 증진시켜야 편집성 성격장애를 지닌 사람들의 경계와 방어를 완화시킬 수 있으며, 보다 직접적인 치료적 개입이 가능하다는 Beck의 지적은 이런 점에서 매우 타당한 것이다. 피해의식의 형성과 영향에 대해 설명하면서 Herbst(2002/2005)역시 '네 이웃을 네 몸과 같이 사랑하라'는 성경 구절은 자기 자신을 사랑할 수 있는 만큼 이웃도 사랑할 수 있다는 의미라고 설명했으며, "자포자기하면 피해의식을 갖게 되고 상실감, 빈곤감을 느끼지만, 현재 자신의 모습을 있는 그대로 인정하면 자신에 대한 사랑이 싹트고 정서가 풍부해진다" 고 하였다.

결국 편집증은 다른 많은 심리장애와 마찬가지로 내담자가 자기 자신을 진정으로 사랑하고 존중하지 못하는 데서 비롯한 것이다. 스스로 뭔가 부족하거나 잘못이 있다는 자격지심을 지니면 누군가가 자신을 비난하고 자신에 대해 수군거리는 것처럼 느끼기 때문이다. 물론 생활 경험과 실제 사회문화적 사건 등도 많은 영향을 주지만, 내면적 요인 중에서는 자존감과 자기개념이 핵심 원인이다. 따라서 편집성 성격장애를 치료하는 데 있어 자존감과 자기 지각의 증진은 원인적 측면을 다룬다는 의미를 지닌다.

자존감과 자기개념을 치료의 초점으로 두고 그것에 접근하는 것은, 편집성 성격장애를 지닌 사람들이 '타협' 하기를 거부하는 편집성 신념과 태도에 직접 도전함으로써 초래될 수 있는 위험도 피할 수 있다. 예를 들어, 피해의식이나 피해망상이 있는 내담자의 신념과 망상 자체를 수정하려고 시도한다면 대부분의 내담자는 강한 저항을 보일 것이다. 그러나 자기개념과 자존감의 문제를 먼저 다루면 그리 큰 저항을 보이지 않는 경우가 대부분이다.

따라서 자존감과 자기개념을 치료의 초점으로 삼는 것은

내담자의 저항을 줄이면서 동시에 편집성 성격의 핵심 원인을 다룰 수 있는 일거양득의 효과를 지닌다. 다시 말해서, 자기존중감을 높이고 자기개념을 긍정적으로 확립하기 위해 노력한다면 편집증을 비롯한 수많은 심리장애에서 자유로워질 수 있을 것이다.

한편, 자존감 및 자기개념 증진에도 인지행동적 접근을 유용하게 사용할 수 있다. 치료자와 내담자는 한 팀이 되어 '나는 완전한 실패자이며 누구도 나를 진정으로 좋아하지 않는다' 는 흑백논리와 과일반화된 생각의 타당성을 연속성 기법 및 현실검증 기법을 통해 검토하고, 자신의 장점을 찾고 새로운 가치를 부여하는 훈련을 진행함으로써 좋은 효과를 기대할 수 있다. 현실검증 기법이란 내담자의 생각이 실제로 사실인지 치료자와 내담자가 객관적으로 확인하는 기법이다. 예를 들어, '직장 상사가 나를 무능하다는 이유를 들어 해고하려고 한다' 는 생각을 하는 내담자에게는 직장 상사에게 직접 확인해보자고 할 수 있고, '내가 친구에게 내 감정을 표현하면 분명 거부당할 거고, 친구가 나를 싫어하게 될 것이다' 라고 생각하는 내담자에게는 실제로 감정을 표현해보고 그 결과를 함께 객관적으로 검토해보자고 할 수 있다. ◆

4. 믿고 사는 사회 만들기

앞서 살펴본 대로, 편집증은 개인만의 문제는 아니다. 우리가 살고 있는 사회가 불신과 음모, 착취와 사기로 가득 차 있다면 아무리 개인의 자존감이 높고 사고가 합리적이며 내적 갈등이 크지 않더라도 편집 성향으로부터 자유로울 수는 없을 것이다. 따라서 우리는 사회 구성원 모두가 상호 신뢰하는 정의로운 사회를 만들기 위해 노력해야 할 것이다.

그렇다고 지금 당장 우리 사회의 모든 구성원의 태도와 신념을 어느 누가 다 바꿀 수는 없는 일이다. 그 일은 아주 점진적으로 진행될 수밖에 없다. 따라서 우리 각 개인이 먼저 변화하고 실천함으로써 시작해야 한다. 우리 사회의 부도덕과 불신을 질책하고 특정한 누군가만 탓할 것이 아니라, 자신이 먼저 변하고 자신의 가족부터 변하게 하는 자세가 필요하다. 즉, 자기가 먼저 다른 사람을 믿고 신뢰하는 자세를 가져야 하며,

또한 다른 사람에게도 신뢰를 주어야 한다. 그리고 사회적으로도 신뢰를 바탕으로 각종 사회적 규범을 설정하고, 각 개인의 신뢰성을 전제로 하되 사람 간의 신뢰를 무너뜨리는 행위에 대해서는 철저한 규제와 처벌을 가해야 한다.

저자의 경험을 예로 들어보자. 저자가 몇 해 전 외국 여행을 하는데, 그 국가에 입국하기 전에 범죄 사실이나 마약복용 사실이 있는지를 묻는 질문지에 응답해야 했다. 그때 같이 여행하던 승객 중 한 사람이 "이 나라 사람들은 참 순진하다. 누가 이런 걸 솔직하게 대답하겠어!"라고 말했다. 그러나 저자가 보기에 그것은 사회적 신뢰의 표본이다. 일단 믿고 신뢰한 후 거짓이 드러나면 엄하게 처벌하고 대가를 치르게 하는 것이다. 그런 면에서 우리 사회는 거짓과 위선에, 그리고 다른 사람에게 피해를 주는 것에 너무 관대한 것은 아닐까? 자신도 그러면서 모두 다 그렇다는 생각에 일단 다른 사람부터 의심하는 것은 아닐까?

사회가 정의롭고 신뢰할 만할 때 피해의식은 줄어들기 마련이다. 편집성 성격장애를 지닌 사람의 유년기에 학대적이고 공격적인 부모가 있다는 사실, 그리고 그 부모도 그와 같은 부모와 사회 환경 속에서 성장했을 가능성이 높다는 사실을 통해서도 우리 개개인의 작은 변화와 신뢰에 기반을 둔 사회의 건설이 얼마나 중요한지 알 수 있다. ◆

5. 자기관리를 위한 지침

인간은 어느 누구도 완벽하지 않다. 어떤 부분에서건 부족하거나 문제가 있는 부분이 있기 마련이다. 그러므로 역으로 생각해보면, 자신에게 어떤 문제가 있다는 것은 지극히 인간적인 것이고 정상적인 것이다. 따라서 문제가 있다고 해서 자신을 비하할 필요가 전혀 없고, 자신의 문제를 부인하거나 방어하기 위해 누군가를 탓하거나 의심할 필요도 없는 것이다. 앞서도 설명했지만 문제 해결의 시작은 자신의 현재 모습을 있는 그대로 인정하고 수용하는 것이다. 하지만 Herbst (2002/2005)가 말했듯이, "사람들은 보통 피해의식을 강한 수치심과 무력감으로 감추고 있기 때문에 이를 깨닫기가 쉽지 않다" 그녀는 자신의 피해의식을 아는 가장 간단한 방법은 자신이 사용하는 언어를 면밀히 관찰하는 것이라고 하였다.

Freeman 등(2008)에 따르면, 편집 사고나 의심이 들 때 우리가 흔히 하는 일반적인 반응은 무시하거나 분노 및 불안 등의 정서로 반응하는 것 또는 회피하는 것이다. 이런 반응은 부적응적이다. 더구나 피해의식이 들 때 다음과 같이 반응하는 것은 최악의 반응에 해당한다고 보았다. 즉, 혼자 고립되어 있기, 아무도 이해하지 못한다고 느끼기, 무가치감 느끼기, 비참해하거나 우울해지기, 무력감 느끼기, 자기 자신을 비난하기, 가족이나 친구 피하기, 상황에 압도되기, 취미나 흥미 중단하기, 좋은 시절 회상하기 등이다. 반면, 최선의 반응 10가지는 다음과 같다. 즉, 위협으로 보지 않기, 상황 자체로 보기, 긍정적인 측면 찾기, 침착하기, 상황 이해력 높이기, 현실적으로 생각하기, 문제를 자신과 분리된 다룰 수 있는 것으로 보기, 자신의 좋은 점 찾기, 분별력 갖기, 개인화자신과 무관할 수 있는데도 자신과 관련된다고 생각하는 것하지 않기다(Freeman et al., 2008).

피해의식과 의심이 들 때 최악의 반응이 아닌 최선의 반응을 하는 것은 정말 쉬운 일이 아니다. 더구나 그동안 일상적으로 최악의 반응만을 선택해 왔다면 그런 사고 및 행동 습관을 갑자기 바꾸기는 어렵다. 따라서 자신과 세상에 대한 부정적 관점을 바꾸려면 의식적이고 꾸준한 노력이 필요하다.

Freeman 등(2008)은 인지행동적 접근을 중심으로 피해의식에서 벗어나기 위한 6단계를 제시하였다. 본격적으로 변화 단계에 돌입하기 전에 우선 변화를 위한 긍정적인 습관이 필요한데, 규칙적으로 시도하기적어도 하루 20분씩 매일 시도, 서두르지 말고 한 걸음씩 가기, 변화에 도전하기, 자신에 대한 격려와 보상으로 자신감 키우기, 노력 점검하기녹음 및 녹화해보기, 성취 가능한 목표 세우기가 그것이다. 본격적인 변화의 6단계는 다음과 같이 표로 정리할 수 있다. 표에서 '5단계: 의심 다루기'는 명상을 포함해 수용 및 전념 치료 기법을 상당 부분 원용한 것으로 보인다.

이들은 추가로 자신에 대해 긍정적인 태도를 갖기 위한 5가지 방법을 소개했는데, ① 기분 증진하기예: 친구를 사귀거나 운동하기, ② 생각 바꾸기, ③ 자존감 높이기, ④ 자기표현하기, 자기주장하기, ⑤ 건강한 수면 습관 기르기낮잠 자지 않기, 잠

◆ **피해의식과 의심에서 벗어나기 위한 변화의 6단계**

1단계: 의심 기록하기	의심하는 생각이 떠오를 때마다 그 생각을 믿는 정도(0~100%), 고통스러운 정도(0~10), 하루에 그런 생각을 하는 빈도를 8주간 기록하기
2단계: 의심 이해하기	• 일지 작성: 날짜, 시간, 무엇을 했나? 기분은? 의심 사고는 무엇인가? 그 촉발 사건은? 어떻게 반응했나? • 의심 사고 적기: 최근의 경우를 골라 영화 대본 쓰듯 자세히 기록하기(단, 기술만 하고 분석하려고는 하지 말 것)

	• 사고와 생각 분석하기, 스스로를 관찰하기 • 생각의 원인 분석하기
3단계: 증거 검토하기	• 주요 편집 사고(의심)의 증거를 평가하기 • 일주일 동안 계속 기록하고 평가하기 • 편집 사고와 다른 대안적 설명을 평가하기 ※ 증거 검토 및 좋은 의사결정을 위한 법칙 ① 사고나 감정을 사실로 간주하지 마라. ② 지지 증거와 반대 증거를 모두 생각해보라. ③ 대안적 설명을 찾아라. ④ 자신의 설명을 검증하라. ⑤ 열린 마음을 유지하라.
4단계: 의심 검증하기	피해 사고를 검증하기, 피해 사고에 따라 예측해보고, 실제 예측대로 결과가 나타나는지 지켜보고 기록하기
5단계: 의심 다루기	• 의심 사고와 싸우지 않기, 의심 사고를 없애려 하지 말고 하루에 수천 개씩 하는 생각 중 하나일 뿐이라고 생각하기 • 내버려 두기(let it go), 거리 두고 관찰하기 • 스스로에게 충고하고 격려하기: "잘 하고 있어!" • 생각보다는 행동에 주목하기, 걱정에 빠지지 말기: "내가 무엇을 하고 있지?"
6단계: 걱정 다루기	• 걱정 이해하기 • 걱정하는 시간 정해 활용하기(예: 매일 저녁 7:00~7:30) • 걱정보다 문제해결에 집중하기: 문제가 무엇인가? – 해결책은? – 해결책들의 장단점은? – 해결책 선택하기 – 해결 시도하기(행동계획 세우기) – 유지하기

출처: Freeman et al. (2008).

잘 때만 침대에 눕고 침대에서는 딴짓하지 않기, 피곤할 때만 침대에 눕기, 20분간 잠들지 않으면 일어나 활동하기, 잠 깨면 바로 일어나기, 규칙적으로 자고 일어나기, 잠자리에 누워 걱정하지 말고 걱정하는 시간을 따로 정하기 등을 들었다. 이 방법들은 앞서 '3. 나를 사랑하고 존중하기' 에서 저자가 소개한 내용과 상당 부분 중복되며, 이 중 '⑤ 건강한 수면 습관 기르기' 는 수면 장애 극복을 위한 일반적인 지침을 소개하고 있다.

마지막으로 Herbst(2002/2005)의 말을 인용하면서 이 절을 마치도록 하겠다. 그녀는 누구나 피해의식을 가질 수 있고, 그것을 통해 성장할 수도 있다는 여유로운 자세를 지녀야 한다고 지적하며 다음과 같이 말했다.

> '왜 내게 그런 일이 일어났을까?'라는 질문에만 매달리면 아무것도 배울 수가 없다. 그 속에는 과거의 경험을 없었던 것으로 되돌리고 싶다는 자신의 소망만 담겨 있을 뿐이다. '그 경험으로부터 무엇을 배웠는가?' '그것을 통해 새로 알게 된 사실은 무엇인가?'라는 질문을 던짐으로써 우리는 과거의 끔찍한 경험을 극복하기 위한 첫걸음을 내딛게 된다.(p. 129) ◆

6. 가족과 동료를 위한 지침

가족이나 동료 중에 편집성 성격장애를 지닌 사람이 있으면 가족과 동료 역시 커다란 고통을 겪게 마련이다. 편집성 성격장애를 지닌 사람들이 다른 사람들을 불신하고 의심하며 악의적으로 보는 것이 가족이나 동료에게도 해당하기 때문이다. 가족을 믿지 못하고, 사소한 일을 가지고 따지며, 신경질을 부리고 화를 내는 것을 보면서 가족은 점점 그 사람을 이해하기 힘들어하며 사랑으로 대하는 것을 어려워하게 된다. 처음에는 이해하려 하고 참으려고 하다가도 나중에는 같이 화를 내고 싸우는 일이 잦아진다. 동료들도 마찬가지다.

이런 상호작용은 자기영속성 효과를 가져와서, 편집성 성격장애를 지닌 사람으로 하여금 '역시 우리 가족조차도 나를 미워하고 내가 잘못되도록 만들려고 한다' 는 생각을 더욱 확신하게 만든다. 그 결과 가족을 대하는 태도가 더욱 나빠지고,

불신과 의심은 더욱 커지며, 가족과의 사이는 더욱 벌어지는 것이다. 이러한 악순환이 계속됨에 따라 증상은 더욱 심해지고, 가족은 처음과 달리 정말 그를 싫어하게 될 수도 있다.

어떻게 하면 악순환의 고리를 끊을 수 있을까? 일단 지금까지 해오던 방식을 탈피해야 한다. 그 첫 단계는 지금까지의 행동 방식이 효과적이었는지 따져보는 것이다. '내 행동으로 상대가 변했는가?' '그 행동으로 가족관계가 개선되었는가?' '내 기분이 나아졌는가?' '내가 원하던 대로 되었는가?' 당연히 그렇지 않을 것이다. 그렇다면 변화를 시도해야 한다. 아무 생각 없이 해오던 행동이나 말, 똑같은 행동에 대한 똑같은 반응, 화내는 것, 싸우는 것 등을 다르게 바꾸어볼 필요가 있다. 어떤 행동에 대해 잔소리를 해왔다면 잔소리를 하지 말아 보자. 큰소리를 내며 화를 낼 때 같이 큰소리를 냈다면 이제 조용히 말하거나 가만히 있어보자. 어떤 식으로든 늘 반복되던 부정적인 행동과 태도에 변화를 시도해보는 것이 중요하다.

편집성 성격장애를 지닌 사람은 다른 사람들에게 좋은 일을 별로 하지 않는다. 그렇기 때문에 가족에게도 긍정적인 말보다는 부정적인 말을 많이 듣고, 부정적인 상호작용을 많이 하게 된다. 밖에서도 마찬가지다. 가족과 동료들은 그(녀)가 겉으로는 그렇게 보이지 않더라도 그 이면에는 매우 부정적인 자기개념과 아주 낮은 자존감이 숨어 있다는 사실을 기억할 필요가 있다. 방어기제를 통해 그것을 가리려고 하지만, 그러한 방어기제는 가족을 포함한 다른 사람들과의 관계를 악화시키고 자존감을 더 망가뜨릴 뿐이다. 가족과 동료들은 겉으로 나타나는 행동만 보지 말고 그 이면에 있는 마음을 헤아리도록 노력해야 한다. 그렇게 할 때 악순환의 고리를 깨뜨릴 방법을 찾을 수 있게 된다. 가령, 다음과 같은 방법을 생각해볼 수 있다.

1) 작은 것이라도 칭찬하기

편집성 성격장애를 지닌 사람들에게서 칭찬할 만한 행동이나 측면을 찾는 것은 쉽지 않지만, 그래도 곰곰이 생각해보고 자세히 살펴보면 뭔가 칭찬할 거리를 찾을 수 있을 것이다. 칭찬을 할 때에는 입에 발린 말이 아닌 진심어린 말로 하는 것이 가장 중요하다. 막상 칭찬을 하는 것이 어색하고 힘들 수도 있지만, 가볍게라도 말을 해주면 악순환에서 벗어나는 데 큰 도움이 될 수 있을 것이다.

2) 먼저 믿고 자신을 돌아보기

편집성 성격장애를 지닌 사람들이 부정적인 일과 관련하여 대부분 다른 사람을 탓하는 것은 사실이지만, 연구 결과에 따르면 대부분의 사람이 이런 경향을 가지고 있다. '잘 되면 내 탓, 잘못 되면 조상 탓' 이라는 말이 이런 경향을 잘 반영해준다. 그리고 은근히 상대의 화를 돋우려 하거나 속으로 싫어하는 경향도 많다. 따라서 모든 것을 그(녀)의 탓으로 돌리고 은근히 미워함으로써 증상을 더 악화시키고 있지는 않은지 가족과 동료들 스스로 반성해볼 필요가 있다.

3) 마음을 여는 열쇠, 공감

편집성 성격장애의 소유자들은 사람들을 경계하고 의심하기 때문에 마음을 잘 열지 않는다. 그러나 그들의 마음을 열 수 있는 열쇠가 있는데, 그것은 바로 공감이다. 공감이란 상대방의 입장에서 상대방의 마음을 그대로 느끼고, 또 느낀 것을 잘 전달하는 것으로 모든 심리치료의 핵심이며 인간관계에서 닫힌 마음을 여는 열쇠다. 따라서 가족과 동료들은 편집성 성격장애를 지닌 사람들이 왜 그런 태도를 보이는지 그들의 입장에서 이해하고 공감하는 태도를 보임으로써 그들이 마음을 열게 할 수 있다. 그(녀) 자체를 문제시하고 그(녀)의 행동을 의도적이거나 병적인 것으로 치부해 버린다면 개선의 여지는 없어진다.

4) 열린 대화, 진솔한 대화

편집성 성격장애를 지닌 사람의 마음을 여는 데 있어 공감 못지않게 중요한 것이 솔직하고 진실한 대화다. 설사 공감 능력이 다소 부족하다 하더라도 그(녀)를 진정으로 사랑하고 염려하고 있다면 솔직하고 진솔한 대화를 통해 그 마음을 전달할 수 있다. 자신이 먼저 솔직하고 진솔한 태도를 보인다면 상대방도 서서히 마음을 열 것이다. 물론 그 시간은 오래 걸릴 수도 있다. 그러므로 더욱더 인내심을 갖고 지속적인 노력을 해야 할 것이다. ◆

참고문헌

이노은 역(2005). 피해의식의 심리학: 피해자의 역할에서 벗어나는 법[*Schon Wieder Ich!*]. J. Herbst 저. 서울: 양문. (원저는 2002년에 출판).

이훈진(1997). 편집증과 자기개념 및 귀인양식. 서울대학교 박사학위청구논문.

장현갑(2004). 마음의 고통을 넘어서 안녕으로. 한국임상심리학회 추계학술대회 자료집, 3, 20-37.

American Psychiatric Association (1987). *Diagnostic and statistical manual of mental disorders* (3rd ed. Rev.). Washington, DC: Author.

American Psychiatric Association (1994). *Diagnostic and statistical manual of mental disorders* (4th ed.). Washington, DC: Author.

American Psychiatric Association (2013). *Diagnostic and statistical manual of mental disorders* (5th ed.). Washington, DC: Author.

Bamelis, L. L. M., Evers, S. M. A. A., Spinhoven, P., & Arntz, A. (2014). Results of a multicenter randomized controlled trial of the clinical effectiveness of schema therapy for personality disorders. *American Journal of Psychiatry*, *171*, 305-322.

Bandura, A. (1977). *Social learning theory.* Englewood Cliffs, NJ: Prentice-Hall.

Beck, A. T., Freeman, A., Davis, D. D., & associates (2004). *Cognitive therapy of personality disorders* (2nd ed.). New York: The Guilford Press.

Bentall, R. P., Corcoran, R., Howard, R., Blackwood, N., & Kinderman, P. (2001). Persecutory delusions: A review and theoretical integration. *Clinical Psychology Review, 21*, 1143-1192.

Berke, J. H., Pierides, S., Sabbadini, A., & Schneider, S. (1998). *Even paranoids have enermies: New perspectives on paranoia and persecution.* London: Routledge.

Brockington, I. (1991). Factors involved in delusion formation. *British Journal of Psychiatry, 159* (suppl. 14), 42-45.

Butler, R. W., & Braff, D. L. (1991). Delusions: A review and investigation. *Schizophrenia Bulletin, 17*, 633-647.

Cameron, N. (1963). *Personality development and psychopathology.* Boston, MA: Mifflin Company.

Carroll, A. (2012). Are you looking at me? Understanding and managing paranoid personality disorder. In J. Sarkar & G. Adshead (Eds.), *Clinical topics in personality disorder.* London: RCPsych Publications.

Colby, K. M., Faught, W. S., & Parkinson, R. C. (1979). Cognitive therapy of paranoid conditions: Heuristic suggestions based on a computer simulation model. *Cognitive Therapy and Research, 3*, 5-60.

Edens, J. F., Marcus, D. K., & Morey, L. C. (2009). Paranoid personality has a dimensional latent structure: Taxometric analyses of community and clinical samples. *Journal of Abnormal Psychology, 118*(3), 545-553.

Fenigstein, A. (1994). Paranoia. In V. S. Ramachandran (Ed.), *Encyclopedia of Human Behavior* (Vol. 3). San Diego, CA: Academic Press.

Freeman, D., Freeman, J., & Garety, P. (2008). *Overcoming paranoid and suspicious thoughts: A self-help guide using cognitive behavioral techniques.* New York: Basic Books.

Freeman, D., & Garety, P. A. (2004). *Paranoia: The psychology of persecutory delusions.* Hove: Psychology Press.

Freud, S. (1896). *Further remarks on the neuropsychoses of defense.* London: The Hogarth Press.

Freud, S. (1911/1925). *Psychoanalytic notes on an autobiographical account of a case of paranoia (dementia paranoides).* London: The Hogarth Press.

Freud, S. (1919/1959). *A child is being beaten' : A contribution to the study of the origin of sexual perversions.* London: The Hogarth Press.

Frisch, M. B. (2006). *Quality of life therapy.* Hoboken, NJ: Wiley.

Hayes, S. C., Strosahl, K. D., & Wilson, K. G. (1999). *Acceptance and commitment therapy: An experiential approach to behavior change.* New York: The Guilford Press.

Hayes, S. C., & Strosahl, K. D. (2004). *A practical guide to acceptance and commitment therapy.* New York: Springer.

Hepworth, C., Startup, H., & Freeman, D. (2013). Emotional processing and metacognitive awareness for persecutory delusions. In E. M. Morris, L. C. Johns, & J. E. Oliver (Eds.), *Acceptance and commitment therapy and mindfulness for psychosis*. Chichester: Wiley-Blackwell.

Kabat-Zinn, J. (1990). *Full catastrophe living: Using the wisdom of your body and mind to face stress, pain, and illness*. New York: Dell.

Kantor, M. (2004). *Understanding paranoia: A guide for professionals, families, and sufferers*. Westport: Praeger.

Kinderman, P., & Bentall, R. P. (1996). Self-discrepancies and persecutory delusions: Evidence for a model of paranoid ideation. *Journal of Abnormal Psychology, 105*, 106-113.

Linehan, M. (1993). *Cognitive-behavioral treatment of borderline personality disorder*. New York: Guilford Press.

Maher, B. A. (1974). Delusional thinking and perceptual disorder. *Journal of Individual Psychology, 30*, 98-113.

McCrae, R. R., & Costa, P. T. (2003). *Personality in adulthood: A Five-factor theory perspective* (2nd ed.). New York: Guilford Press.

McKay, M., Lev, A., & Skeen, M. (2012). *Acceptance and commitment therapy for interpersonal problems: Using mindfulness, acceptance, and schema awareness to change interpersonal behaviors*. Oakland, CA: New Harbinger Publication.

Millon, T., & Everly, G. S. (1985). *Personality and its disorder: A biosocial learning approach*. New York: John Wiley & Sons.

Millon, T., Davis, R. D. (1996). *Disorders of personality: DSM-IV and beyond* (2nd ed.). New York: John Wiley & Sons.

Montes, J. M. G., Álvarez, M. P., & Garcelán, S. P. (2013). Acceptance and commitment therapy for delusions. In E. M. Morris, L. C. Johns, & J. E. Oliver (Eds.), *Acceptance and commitment therapy and mindfulness for psychosis*. Chichester: Wiley-Blackwell.

Natsuaki, M. N., Cicchetti, D., & Rogosch, F. A. (2009). Examining the developmental history of child maltreatment, peer relations, and externalizing problems among adolescents with symptoms of paranoid personality disorder. *Developmental Psychopathology, 21*(4), 1181-1193.

Salvatore, G., Lysaker, P. H., Popolo, R., Procacci, M., Carcione, A., & Dimaggio, G. (2012). Vulnerable self, poor understanding of others' minds, threat anticipation and cognitive biases as triggers for delusional experience in schizophrenia: A theoretical model. *Clinical Psychology and Psychotherapy, 19*, 247-259.

Sarkar, J., & Duggan, C. (2012). Diagnosis and classification of personality disorder: Difficulties, their resolution and implications for practice. In J. Sarkar & G. Adshead (Eds.), *Clinical topics in personality disorder*. London: RCPsych Publications.

Segal, Z. V., Williams, J. M. G., & Teasdale, J. D. (2002). *Mindfulness-based cognitive therapy for depression: A new approach to preventing relapse*. New York: Guilford Press.

Triebwasser, J., Chemerinski, E., Roussos, P., & Siever, L. J. (2013). Paranoid personality disorder. *Journal of Personality Disorders, 27*(6), 795–805.

Turkat, I. D. (1985). Formulation of paranoid personality disorder. In I. D. Turkat (Ed.), *Behavioral case formulation*. New York: Plenum.

Widiger, T. A. (2005). Five factor model of personality disorder: Integrating science and practice. *Journal of Research in Personality, 39*, 67–83.

Winters, K. C., & Neale, J. M. (1983). Delusions and delusional thinking: A review of the literature. *Clinical Psychology Review, 3*, 227–253.

Young, J. E. (1999). *Cognitive therapy for personality disorders: A schema-focused approach* (3rd ed.). Sarasota, FL: Professional Resource Press.

Young, J. E., Klosko, J. S., & Weishaar, M. E. (2003). *Schema therapy: A practitioner's guide*. New York: Guilford Press.

찾아보기

《인 명》

《내 용》

◎ 저자 소개

이훈진(Lee, Hoon-Jin)

서울대학교 심리학과를 졸업하고 동 대학원에서 임상심리학을 전공하여 박사학위를 받았다. 서울대학교병원에서 임상심리 레지던트 과정을 수료하였으며, 임상심리전문가 및 정신보건임상심리사(1급), 인지행동치료전문가 자격을 취득하였다. 한림대학교 심리학과 교수, 서울대학교 학생상담센터장, 캐나다 브리티시컬럼비아 대학교(University of British Columbia) 방문교수를 역임하였고, 현재는 서울대학교 심리학과 교수로 재직 중이다. 주요 저 · 역서로는 『심리장애의 인지행동적 접근』(공저), 『우울증의 인지치료』(공역), 『MMPI-2: 성격 및 정신병리 평가』(공역), 『약 없이 우울증과 싸우는 50가지 방법』(공역), 『조지 켈리: 인지구성주의의 선구자』(역), 『긍정심리치료』(공역), 『긍정심리치료: 치료자 가이드』(공역), 『임상심리학』(공역), 『건강심리학』(공역), 『정신분열증』(2판) 등이 있다.

ABNORMAL PSYCHOLOGY 25

편집성 성격장애 의심과 불신의 덫

Paranoid Personality Disorder

2000년 5월 20일 1판 1쇄 발행
2007년 9월 20일 1판 4쇄 발행
2016년 3월 30일 2판 1쇄 발행
2024년 1월 25일 2판 4쇄 발행

지은이 • 이 훈 진
펴낸이 • 김 진 환
펴낸곳 • (주) 학지사
04031 서울특별시 마포구 양화로 15길 20 마인드월드빌딩 5층
대표전화 • 02) 330-5114 팩스 • 02) 324-2345
등록번호 • 제313-2006-000265호
홈페이지 • http://www.hakjisa.co.kr
인스타그램 • https://www.instagram.com/hakjisabook/

ISBN 978-89-997-1025-4 94180
978-89-997-1000-1 (set)

정가 9,500원